新潮文庫

「鬼畜」の家

わが子を殺す親たち

石井光太著

新潮社版

11067

プロローグ

妻が、夫に宛《あ》てて送った手紙が手元にある。

パパへ
久しぶり（2週間弱）の面会だったね。久しぶりだったけど顔見れて元気そうで良かった‼　手紙出してくれたっていうから、楽しみに待ってんだよ。私からの手紙も、パパは楽しみにしてくれてるカナ？
4月にオウチに帰ってこれるカナ？って思って半分期待してたけどやっぱり無理だったね。（中略）厳しいカナ？　厳しいカモだけど、それを目標にしないと、ガンバレないからさ‼　5月は大事な記念日もあるし、小学校はじめての運動会もあるしっ！
パパがいない家は、やっぱり寂しいよ。（中略）泣きたいけど子供の前では泣かない様にしてるから夜中はね。私の今の支えは、面会に行って15分パパの顔を見て話する事位カナ？　こんなんぢゃ、ダメなのはわかってるんだけどね……（中略）

パパはこんな私でも、このまま待ってて欲しい？　それともこんな私だったら、いない方がいい？

子供たちにも何となく聞いたけど…皆「パパが大好きだからママとパパを待つ」って言ってるよ!!　私より子供達の方が大人だよね。（中略）早く皆で幸せになりたいな。。。パパがよく言っているけど、、、今の私や子供達はパパが作った家族じゃん！　なのにパパ本人がいなかったら、誰も幸せになんかなれないんだからね!!

（以下略）

この夫婦は、都内の２ＬＤＫのアパートで六人の子供とペットとともに暮らしていた。だが、わけあって夫が少しの間家を離れることになったのである。文中に書かれた五月の「大事な記念日」とはおそらく二人が出会った日のことで、「運動会」とは小学校に上がったばかりの長女の学校の催しだ。

手紙を読めば大半の読者は、家族が温かな愛情でしっかり結びついていると感じることだろう。

実際、夫がアパートに帰ってきてからは、手紙での約束どおり一家は運動会に参加し、ハンディカムで娘が活躍する様子を撮影している。私はその動画を見たが、娘が一生懸命に校庭で徒競走をしたり、親がそれを楽しそうに応援したりする様子が映し出されていた。

だが、夫婦はこの手紙を出してから約二年後に警察に逮捕されることになる。容疑は、実子への虐待《ぎゃくたい》、殺人、死体遺棄などだ。

夫婦は手紙のやり取りの直後に、三歳になる次男をウサギ用ケージに三カ月にわたって閉じ込めて殺し、亡骸《なきがら》を遺棄した。さらに、次女には犬用のリードをつけて自由を奪ったうえで殴る蹴《け》るの暴行を加え、全治二週間の怪我《けが》を負わせた。しかも犠牲となった二人の子供にほとんど食事を摂《と》らせず、部屋に監禁して外に出すこともなかった。

マスコミは一斉にこの夫婦を「鬼畜」と呼び、その所業を全国に広めた。だが、報道とは裏腹に、その暮らしは手紙にあるように、夫婦の間でも、親子の間でも、お互いをいつくしむ言葉が交わされていたのである――。

厚生労働省の報告によれば、二〇一三年度に虐待で死亡した児童は、六十九人（虐待死三十六人、無理心中三十三人）。前年度は九十人、前々年度は九十九人だった。

だが、これはあくまで警察が虐待による死亡事件と認めたもので、日本小児科学会の「子どもの死亡登録・検証委員会」は、実数を三倍から五倍の約三百五十人と推計している。

たいてい子供は事故として病院に搬送されてくる。死亡した子供に多少怪しい外傷があったからといって、医師が悲しみに暮れている親に虐待したのかと問うのは難しい。逆恨みされかねないし、勘違いであれば傷口に塩を塗ることになる。そうしたことから、医者もよほどの確信がないかぎり通報せず、「事故死」「病死」として処理するのだ。私も、ある小児科医からそうした経験があると聞いたことがある。

こうしたことの表われなのか、本書で紹介する三件はいずれも、一年以上事件が発覚しなかった。「下田市嬰児《えいじ》連続殺害事件」「足立区ウサギ用ケージ監禁虐待死事件」、そして「厚木市幼児餓死白骨化事件」に至っては、七年余りも闇《やみ》に葬《ほうむ》られていた。「足立区」の場合は、本書刊行時点でも、被害児童の遺体は見つかっていない。

これらの事件は、いずれも親が子供を残酷な方法で殺したものとしてマスコミによって大々的に報じられた。加害者である親を、血の通わぬ悪魔としてつたえ、人々はそのままに非難した。

しかし、直《じか》に加害者である親に話を聞くと、彼らはそろって子供へのゆるぎない愛情を口にする。子供は自分にとって宝だ、親心を持って手塩にかけて育ててきた、家族はみんな幸せだった、と言うのだ。

冒頭に紹介した手紙を、もう一度読んでみてほしい。それを加害者の虚言だと、果たして言い切れるだろうか。彼らのなかにも子供を思う気持ちはあったのだ。

それは、これまでインタビューをした多くの児童虐待の親たちに当てはまることでもある。少なくとも私は、子供が憎くてたまらず殺したという親には会ったことがない。

では、なぜ子供を思いながらも、暴力をふるったりネグレクト（育児放棄）をしたりするのか。なぜ、子供たちは命を奪われることになったのか。私はここにこそ、問題の本質があるように思う。

取り上げた三つの事件の親たち。彼らが、法廷や私の前で異口同音に語った言葉がある。

――愛していたけど、殺してしまいました。

ただし、「愛していた」には、もう一言つけ加えられる。「私なりに」――。

「鬼畜」の家　わが子を殺す親たち　目次

「鬼畜」の家

わが子を殺す親たち

Case1：
厚木市幼児餓死白骨化事件

地獄絵図と化したアパート

神奈川県厚木市の静かな住宅地に、二棟のこぎれいな黄色いアパートが肩を寄せ合うようにして建っている。若い女性に人気がありそうな、かわいらしい外観だ。アパートには若い夫婦が子連れで暮らしているのだろう、ドアの前に子供用の自転車や、アニメのイラスト入りの傘、それにオモチャのショベルカーが置かれている。夕方ともなれば、窓から明かりがこぼれて正面に広がる小さな畑をほのかに照らし、ハンバーグやカレーライスのにおいが漂う。

前の道を通る人々も、アパートの家庭的な雰囲気で心を和まされるようだ。部活帰りの高校生がアパート前で自転車を止め、柵《さく》にもたれかかってコンビニのパンをかじりながら談笑し、同級生の女の子が声をかけてその前を通りすぎていく。

だが、アパートの住民も、近隣に暮らす住民も誰一人として、二〇〇四年からのおよそ十年間、このアパートの一階の隅の部屋が地獄絵図と化していたことに気づかなかった。

その部屋は、和室と洋室のある2DK。二〇〇四年の十月から雨戸が開くことはなく、電力メーターは長らく止まったまま。中はゴミ屋敷然としていて、食べ残しやペットボトル、あるいは使用済みの紙オムツなど約二トンに及ぶゴミが一メートル以上の高さにつみあげられ、悪臭が充満する中で蛆《うじ》やゴキブリが這《は》い回っていた。

この部屋に住んでいたのは、齋藤幸裕《ゆきひろ》（二〇〇四年十月当時二十六歳）と、三歳になる長男の理玖《りく》君だった。残された写真で見る理玖君は、アンパンマンのような丸顔のかわいらしい男の子だ。

部屋がゴミに埋もれることになったのは、二〇〇四年十月に理玖君の母親が家出をしたのがきっかけだった。間もなく、部屋の電気、ガス、水道は料金未払いで止められてしまう。幸裕の仕事は運送会社のドライバー。早朝の出勤の際はかならず理玖君を真っ暗な和室に閉じ込め、引き戸に粘着テープで目張りをして外に出られないようにしていた。食事は決まって、近所のコンビニで買ったパンやおにぎりだった。

理玖君は一人、暗い部屋の中で汚れた布団《ふとん》にすわって日々を過ごしていた。幼稚園へも行かせてもらっていなかったから、その存在を知る人も数えるほどだ。たまに足で蹴《け》る車の乗り物で遊ぶことはあったが、テレビやラジオをつけられるわけでもない。お腹《なか》がすいたり、喉《のど》が渇いたりした時は、引き戸に向かって「パパ、パパ……」とか細い声でつぶやき、稀《まれ》に幸裕がふらっと帰ってくれば、嬉《うれ》しそうに声を上げて歩み寄っていった。

だが、幸裕は幼い理玖君の存在を煩《わずら》わしく思い、外に恋人をつくるとアパートにはほとんど寄りつかなくなった。二、三日に一度だった帰宅が、三、四日に一度となり、やがて一週間も家を空けるようになった。

そして「監禁生活」が二年三カ月つづいた二〇〇七年の一月、理玖君はついに絶命する。吐息が白くなるほど寒い部屋で、オムツとたった一枚のTシャツを身に着けた姿でうずくまるようにして息絶えたのである。

後日、幸裕は帰宅した際に理玖君が死んでいるのを知った。だが、警察に通報することなく、遺体を放置したまま逃走。逮捕されるまでアパートへは帰らず、理玖君の死亡を隠して児童手当などを不正に受給した。

理玖君の死後、住人を失った部屋は、ポストから広告のチラシがあふれ、ゴミや遺体の腐臭が外に漂っていたはずだ。だが、アパートの住人も、近隣の人たちも、行政の職員も、誰一人として事件に気づかなかった。

理玖君の死が明らかになったのは、それから七年半後の二〇一四年五月三十日。遺体が発見された日は、生きていれば十三歳の誕生日だった――。

二〇一五年十月のとある朝、横浜市営地下鉄港南中央駅を降りると、空は淀《よど》んだように曇っていた。

駅を出てすぐのところに、港南区役所の古い灰色のビルが建っている。細い路地に冬を感じさせる涼風が吹きつけ、杖《つえ》を突いたお年寄りや、ジャージ姿の主婦が一人また一人と背中を丸めて庁舎へと吸い込まれていく。入り口の階段に、すわり込んで曇り空を無言で見上げている男性もいる。

路地をまっすぐに五分ほど進んでいくと、住宅街の先に横浜刑務所が見えた。コンクリートの高い壁に囲まれた要塞《ようさい》のような建物で、通りの向かいには刑務官が暮らす宿舎が団地のように並んでいる。この先が、目指す横浜拘置支所だ。この日、私は理玖君を殺害したとして起訴された齋藤幸裕との面会に、初めて訪れたのである。

彼が引き起こした「厚木市幼児餓死白骨化事件」は、我が子を監禁して餓死させるという残虐性《ざんぎゃくせい》に加えて、七年余も事件が発覚しなかったことから、大きく報道され、全国的に知られることとなった。前月にはじまった裁判には、わずか三十の傍聴席に四百人以上の希望者が殺到し、抽選の列をなした。報道記者たちは法廷での幸裕の発言を細かく記事にし、一日に何度も速報として流した。

公判で見るかぎり、幸裕は感情を表に出さない寡黙《かもく》なタイプだった。時折首を傾《かし》げる、不満そうに頬を膨らませる、という仕草を見せることはあったが、胸の内を懸命に語るわけでもない。背中を丸めて、表面的な事実をボソボソとしゃべるだけだ。

不思議だったのは、彼が多くのことを「忘れていた」点だ。裁判で不利益になることだけでなく、有利になるはずのことや、常識的には絶対に忘れるはずのないことが記憶から抜け落ちてしまっているのだ。そのせいか、裁判では細かな部分が、わからずじまいになっていた。私は直接彼に会い、正直なところを聞いてみたいと考えていたのである。

拘置支所の入り口でボディーチェックを終え、面会の手続きをすませてベンチで待つ。マイクで呼ばれ、面会室へと案内された。以前に手紙を送っていたから、名前を覚えてくれていたようだ。面会室は二畳ほどの狭い部屋にパイプ椅子《いす》が三脚置かれており、アクリル板越しに容疑者の椅子が置かれていた。

ほどなくして幸裕は、男性刑務官に付き添われ、よれたグレーのTシャツを身につけて現われた。面会時間は十五分しかない。私はアクリル板越しに簡単な自己紹介をした後、事件に対する率直な思いを尋ねた。彼は息をつめ、急に声を震わせて話しはじめた。

「俺は理玖を殺してなんかいないっすよ。それに、あいつの責任はどうなんすか！」

これまでの公判から判断するに、あいつとは幸裕の妻・愛美佳《あみか》（仮名）にちがいなかった。幸裕は法廷でも一度として彼女を名前で呼んだことがなく、話題に上るとたちまち怒りで顔を引きつらせて声を荒げるのだ。

幸裕はいら立ち、アトピー性皮膚炎の腕や首をかきむしってつづけた。

「俺、二年以上一人で理玖を育てたんですよ。メシもあげた、オムツも交換した、体もふいてた、遊ばせてだっていた。やることやってたんす。なのに、なんで殺人とか言われて捕まんなきゃなんねえんすか。おかしいっすよね！」

アクリル板越しにも怒りがつたわってくる。その憤懣《ふんまん》は、裁判に対するものなのだろうか。私の問いに、彼は口角泡を飛ばして言う。

「裁判もそうっすけど、マスコミの報道とかだってムチャクチャっすよ。あいつら、初めっから俺のこと悪いって決めつけて、それだけしか報じねえもん。俺が理玖を閉じ込めて殺したとか言ってるだけ。ちゃんと育ててたことを、なんでつたえないんすか」

たしかに、そのとおりかもしれない。

「正直、おかしいっす。変っすよ。理玖が死んじゃったのは間違いないけど、俺が殺したとか報じるのはちがうっすよ。そもそも子供が死ぬとかってよくある話なのに、なんで俺だけこんなニュースになるんすか」

マスコミがこの事件を大々的に報じるのには、「居所不明児童」の問題があるからだ。行政は定期健診や義務教育を通して子供の安全確認をする役割を担《にな》っているが、それができておらず児童が所在不明になっているケースがある。

幸裕の起こした事件は、幸か不幸か、その存在に光を当てることになった。マスコミは、この事件をことさらクローズアップすることで居所不明児童という言葉を世に広め、行政の対応を批判した。各地の自治体は調査を迫られ、二〇一四年十月二十日の時点で百四十一人の居所不明児童がいることが厚生労働省の発表で明らかになったが、幸裕からすれば、なんで自分だけが吊《つる》し上げにあうのだ、という気持ちになるのかもしれない。

「別に、俺は自分がぜんぜん悪くないいって言ってるんじゃないんすよ。勘違いしないいでください。俺が言いたいのは、この裁判とか、報道とかがおかしいってことなんす」

どこがおかしいのか、と私は尋ねた。幸裕は睨《にら》むような目をして答えた。

「あんた、裁判見てたんすよね。わかんないんすか」

目をそらさずに言う。

「見てたら、フツーわかりますよね」

裁判を傍聴している間、ずっと胸の奥にあったわだかまりを見透かされたような気がした。事件を表面だけなぞれば、起訴状や報道のとおりだ。だが、実際に幸裕や関係者が直《じか》に語る供述を聞くと、事件の核心部分はむしろ別のところにあるのではないかと思えてくる。幸裕の違和感は、まさにその部分なのだろう。被告自身が、裁判のありかたに疑問を呈しているのだ。

この事件は何だったのか。

親子三人

まずは、裁判で明らかになった〝事実〟に自ら取材して得た事柄を加えながら、事件の概要を記してみたい。

　齋藤幸裕は、一九七八年に神奈川県横浜市鶴見区で生まれた。東京湾に面する工業地帯で、東芝や日産自動車など様々な大企業の工場や物流センターが密集しているところだ。産業道路と称される幹線道路や首都高速が通っていて、朝から晩まで大型トラックの走る音が響く。企業の社宅も多く、住民の中にはこのあたりの工場に勤務する者も少なくない。

　幸裕の父親もこの町にある一部上場企業の工場に勤めていた。三交代のシフト勤務で、早番が午前七時から、遅番が午後三時から、夜勤が夜の十時からだったため、早番の日をのぞけば家族と顔を合わせるのはもっぱら休みの日ぐらいだった。家のことはほぼすべて、専業主婦の母親が行っていた。

　景気の良い時代だったため、一家の生活は安定していた。一歳下に妹、四歳下に弟がいて、長男の幸裕は面倒見が良く、友達とも仲良くする、明るい子だった。あえて不満があったとすれば、子供が遊べる公園や広場が近所に少ないことと、父親が家のことに非協力的だったことぐらいか。

　幸裕が小学校に上がる年、一家は同県愛甲郡愛川町にある社宅へ引っ越す。ここにも会社の工場があり、転勤することになったのだ。愛川町は工業地帯の鶴見区とは違って緑に囲まれた町で、中津川が中心部を走り、山や畑が四季折々の景観を見せる。

彼の小学校時代は、ちょうどファミリーコンピュータが爆発的な人気を博していた。放課後、幸裕は誘われて友人宅でゲームをすることもあったが、どちらかといえば外で遊ぶことの方が好きだった。社宅の近くの公園へ行き、あたりが暗くなるまで友人たちと野球やサッカーをしたり、妹や弟と一緒に過ごしたりしていたという。

幸裕は手先も器用で机に向かって細かな作業をするのが得意で、父親がパズルや模型を買い与えると、自分で説明書を読んであっという間に組み立ててしまった。妹も、幸裕がよく黙々とプラモデルをつくっていたことを覚えている。

ありふれた日常が崩れたのは、幸裕が小学六年生の時だった。当時三十五歳だった母親が突然、統合失調症を発症したのである。この病気は症状が重いと幻聴や幻覚が現われたり、無気力になって寝たきりになったりすることがある。

母親の症状はかなり重篤《じゅうとく》だった。彼女は強迫観念に苛《さいな》まれ、異様なまでに火に執着するようになった。家に何十本という蠟燭《ろうそく》を並べて火をつけ、「悪魔が来る！　悪魔が来る！」と髪をふり乱しながら室内をぐるぐる回るのだ。家族が止めようものなら、飛びかかって暴れた。

近隣の住民は、その幸裕の母親についてこう語る。

「A社の社宅は四階建てで、齋藤さんは二階か三階に住んでたと思います。奥さん（幸裕の母親）は太ってて、真冬でもスカートにサンダルという格好でウロウロしていたので目立ちましたね。近所で『A社のあの人』と言えば、みんなわかるぐらい有名だったかな。

あの人が奇妙な行動をするのは、だいたい夜の十時から明け方にかけてで、家の窓を開けてフライパンを叩《たた》いて奇声を上げたり、油を道路にまき散らしたり、路上に消火器や工事用の赤いコーンを並べたりしてました。

火のことで大騒ぎになったこともありましたよ。夜だったかしら、あの人が通りの角にたくさん蠟燭を並べて火をつけたんです。近所の誰かが見つけて警察が呼ばれる事態になりました。彼女はその理由を、悪魔祓《ばら》いをしてるとか何とか言ってたみたいです」

家の中では、蠟燭につけた火が母親の洋服に引火して大火傷《おおやけど》を負って半年間入院したり、妄想に取りつかれて自宅のベランダから飛び降りて救急車で運ばれたりしたこともあった。母親だけでなく、子供たちまでもがいつ命を落としてもおかしくない状況だったのだ。

母親がそうなっても、父親は仕事で忙しくほとんど家に帰ってくることはなかった。

たまに早く帰宅しても、「俺は疲れてるんだ」と言って協力しようとはしない。そんな状態なので、長男である幸裕が妹や弟を守るために矢面に立って母親を制したが、子供の力ではどうにもならないこともあった。多感な時期に、目の前で母親が壊れていく様を見つめる彼の胸中はいかばかりだったか。

後の公判で、幸裕があまりに「覚えていません」「忘れました」と曖昧《あいまい》な発言ばかりするので問題になったことがあった。検察官は、都合の悪いことを故意に忘れたと言っているのではないかと厳しく追及したが、幸裕は「子供の時に母が病気で大変なことになって、それから嫌なことをすべて忘れる性格になりました」と語った。

幸裕の心理鑑定をした山梨県立大学教授の西澤哲《さとる》もそれを認めており、証人として出廷した際に次のように話した。

「被告（幸裕）は母親が病気になったことでショッキングな光景を見なければならなくなりました。幼い彼にとってはものすごく重い現実を一人で背負うことができなかった。それで彼はつらいことを忘れるとか、想像力を停止させるといったことを無意識のうちにするようになったと思われます。それが彼にとって現実に順応する方法だったのです」

幸裕が忘れていることのなかには、裁判のうえで自身に有利になるようなことも多々あった。それを考えれば、都合のいい嘘《うそ》をついていたわけでないのは明らかだ。

　地元の公立中学に進学すると、幸裕は家で母親と顔を合わせるのを避けるように、バスケットボール部に入って遅くまで練習に打ち込むようになる。小学生の時はどちらかと言えば活発だったが、母の件があってからは無口になり、とりわけ自分自身のことについては一切語らなくなったらしい。そんな彼にとって、コートでボールを追いかけ回す時だけは何もかも忘れることができたのではなかろうか。

　中学卒業後は、地元で普通科の県立高校へ進んだ。偏差値は四十台半ばと高くはなかったが、丘の上にあって見晴らしがよく、グラウンドが広くサッカー部をはじめとしてスポーツに強いことで知られていた。

　幸裕は高校でもバスケットボール部に入部したものの、一年生の時にシューズが盗まれたことで嫌気がさして退部。その後は、自動二輪の免許を取得して、バイクの改造やツーリングに没頭した。もともとプラモデルづくりが好きだったこともあって、メカニックの魅力に取りつかれたのだ。

　幸裕は休日にバイクでツーリングへ行く時、よく妹を誘った。友人が少なかっただけでなく、家で母親と二人きりにさせたくないという配慮があったのかもしれない。妹は語る。

「兄とは仲は良かったと思います。子供の時はよく外へつれていってもらったし、家の中だとゲームをして遊んでました。高校生になってからは、ツーリングにもつれていってもらいました。バイクの後ろに乗せてもらって山とかに行ったんです」

高校を卒業した幸裕は、メカ好きが高じて自動車の専門学校へ入学する。だが、通学に片道二時間かかるという理由で半年も経《た》たずに中退し、その後は運送会社で非正規雇用の職員となった。実家を離れ、厚木市内にアパートを借りて一人暮らしをはじめたのはこの頃のことだ。

二十歳になるかならないかの頃、幸裕は後に妻となる川本愛美佳と出会う。当時、幸裕は小田急線の小田原駅前で友人と一緒にナンパした女子高生と付き合っていた。十代の彼はすっきりとした体型で、寡黙でとがった雰囲気があり、年下の女の子からはもてていた。その女子高生との交際は数カ月で幕を閉じたが、次にその子の同級生と親しくなっていく。それが愛美佳だった。ある日、二人で居酒屋へ行ったことがきっかけで交際がはじまる。

愛美佳は幸裕より三歳年下の高校二年生で、実家の一族は箱根の老舗《しにせ》旅館を経営していた。地元ではかなり名の知れた温泉旅館だ。その家柄とは裏腹に、家族関係は崩壊同然だった。父親は外に女をつくって家出をし、残された母親は教育に過剰なまでに熱心で、できの悪い愛美佳に何かと厳しく当たって怒ってばかりいた。

年頃の愛美佳はそうした家庭環境に反発して勉強をしなくなり、放課後は遅くまで小田原の繁華街で悪友と遊ぶ日々を送っていた。母親を困らせたい、寂しさを紛らわせたい、家の外で楽しみを見つけたいといった気持ちがあったのだろう。幸裕と出会ったのは、まさにそんな時期だった。愛美佳の目に彼は、親以上に自分を理解してくれる、年上の頼りがいのある男性と映ったのかもしれない。

愛美佳は幸裕との恋にのめり込み、彼のアパートに頻繁に出入りするようになる。幸裕も年下の彼女に夢中だった。そんなある日、愛美佳は家で母親とケンカをしたのをきっかけに家出をし、幸裕のアパートに転がり込んで同棲《どうせい》を開始。そのまま高校を中退した。

アパートでの二人だけの生活は、毎日が楽しくてならなかった。生活費は幸裕が運送会社の仕事で稼いで、愛美佳は日中ブラブラと過ごし、休みの日は二人でパチンコをやるかドライブに行くかした。幸裕のメカ好きは愛車にまで及んでいて、車の改造費がかさんだのか、この頃に金融機関から合計十五万円を借り入れている。

愛美佳のお腹に赤ん坊が宿っているとわかったのは、ともに暮らしはじめた翌年だった。生理が止まったことで気づいたのだ。それを知った時、二人は大喜びした。次は、幸裕の言葉である。

「あん時はフツーに愛し合ってたっす。だから、妊娠がわかってすぐに結婚しようってなったんです。あいつ、前から子供が好きで産みたいって言ってたし、俺もできたらできたでいいかなとは思ってました。

実家からは反対されなかったっすよ。うちの親父《おやじ》は、大人なんだから自分で判断しろっていう感じで了解してくれたし、むこう（愛美佳）の親も赤ちゃんができたんなら仕方ないって感じ。

箱根の家へ初めて行ったのは、結婚ってことになってからかな。二度ぐらいメシ食いに行きました。家がすっげえでかくて驚いた。ただ、俺たち金とかなかったんで、式はしないで、身内だけで食事会をして籍を入れました」

結婚式代わりの食事会に、幸裕の家族は全員が参加したが、愛美佳の家は失踪《しっそう》した父親に代わって叔父が出席した。

子供の誕生にそなえて、二人は新居のアパートを探した。いくつかの不動産を回って見つけたのが、事件現場となる、厚木市内の黄色いアパートだ。

アパートにはまず幸裕が一人で入居し、愛美佳は出産を終えて一カ月実家で休んでから移り住むことにした。箱根の実家としても、初孫が生まれたとあっては愛美佳のこれまでの行状に目をつぶって、受け入れざるをえなかった。こうして愛美佳が、二〇〇一年の五月三十日に出産した長男が理玖君だった。お祝いに駆けつけた親戚《しんせき》は、幸裕と愛美佳が幸せそうに乳呑み児《ちのみご》を抱いていた様子を目にしている。

一カ月後、愛美佳が予定どおり理玖君を抱いてアパートに移り、家族三人の新婚生活がスタートした。この頃、幸裕は運送会社を辞め、手に職をつけるために塗装会社で働いていた。ただ、非正規雇用の身で、雨の日は仕事にあぶれて日当が支払われなくなるなど、生活は厳しく、箱根の親戚からたびたび借金をし、消費者金融からも十三万円の借入れをしていた。

生活が安定したのは、翌年の三月に厚木市内の運送会社に正社員のドライバーとして就職してからだった。給料は手取りで二十三万〜二十五万円。これに会社からの家族手当も加わる。幸裕は、月の収入のうち五万から十万を生活費として愛美佳にわたし、残りを家賃やローンの返済に充《あ》てた。

ドライバーとしての仕事は、それなりに忙しかったようだ。早い日には午前四時前に家を出なければならず、一日の平均就労時間は十〜十一時間。休日は週に一回で、残業は月平均七十〜八十時間ほどだった。

それでも幸裕は早番で早く帰れる日があれば、愛美佳に代わって理玖君をお風呂《ふろ》に入れ、オムツを取り換えた。育児を手間と思うこともなく、父親としての役割を最低限は果たしていたつもりだった。

また愛美佳も、新婚生活を何とか幸せに満ちたものにしようと、彼女なりに努力していた。これまでまともに家事をしたことがなく、料理も洗濯のしかたもわからなかったが、毎日のように実家や友人に電話して一つひとつ尋ねて教えてもらい、精一杯こなした。先述の西澤教授は、「実家が崩壊していたからこそ、自分たちはちゃんとした家庭を築こうとがんばっていたと思います」と語っている。

夫婦喧嘩《げんか》

結婚から一年で、この夫婦の歯車が少しずつ狂いはじめる。まず愛美佳が子育てに疲れ、「外で友だちとかと自由に遊びたい」と言いはじめるようになったのだ。一児の母とはいえ、まだ二十歳。中学や高校の友人が化粧をしてブランドもののバッグを持って遊び回っている姿を見て、自分だけが取り残されているように感じたのだろう。

愛美佳は徐々に家事をサボりはじめ、家の中はゴミがちらかるようになる。汚れた衣類は洗濯されずに何週間も放置された。家庭でいい妻を演じようという気持ちが、プツリと切れてしまったのだ。

当然、幸裕ともぶつかることが増えた。幸裕が仕事から帰っても食事が用意されておらず、子供が夜泣きしても見て見ぬふり。幸裕が文句を言うと、愛美佳は謝るどころか逆上して怒鳴り返し、互いに手を上げて取っ組み合いになったこともあった。法廷で目にした愛美佳は、裁判官や弁護士に注意されて食って掛かるなど、攻撃的なところが目についた。

夫婦喧嘩について、公判での二人の主張はまったく異なる。夫婦関係について問われると、愛美佳は裏返った声で早口にこう語った。

「あたし、家とかでしょっちゅう殴られてました。DVです！　同棲はじめた時から。理由とかないですよ。わけわかんない感じで、いきなり怒鳴られて殴り飛ばされてフルボッコ。

怖かったですよ。何言ってるかわかんないし、終わるまでやられっぱです。あと、家とかも壊されました。洋室とキッチンの間の引き戸も殴って穴開けたし。セックスの時もDVがありました。あたしがやんのヤダって断ったら、ボコられて強引にやられたんです」

あくまで自分は、一方的なDVの被害者だったと涙ながらに訴えたのである。ただ、裁判官がその主張を疑い、「なぜ同棲中からDVを受けていたのに結婚したのか」とか「なぜ弁護士などに相談しなかったのか」などと質問すると、急に口をつぐんでしまった。

一方、幸裕はケンカの際に手を上げたことは認めたが、それは数えるほどであり、しっかりとした理由があると申し立てた。

「ケンカの原因は、あいつが浮気したからっす。あと、嘘とかつくし。一度あいつが知らない男とメールしてたんです。見たら、ラブホ行くとかそんなことが書いてあった。それで何だよコレって言っても、知らないとか嘘つくからケンカになったんです。でも、DVとかじゃないです。俺だけが殴ったわけじゃないから。ケンカになったら、あいつ絶対にグーで殴り返してきました。あと、リモコンを投げつけてくるとか、引き戸のガラスを割るとかもあった。だからこっちもカッとなったんです」

共通の友人も、愛美佳の体にアザがあるのを何度も目にしている。いくら理由があっての夫婦喧嘩だったとしても、男が力で勝るのは当然で、おあいこという理屈は通じない。

問題は、これが夫婦二人の問題だけにとどまらず、幼い理玖君の養育を投げ出す事態につながったことである。それが顕著になったのは、愛美佳がアルバイトをはじめてからだった。

二〇〇二年暮れのある日、愛美佳は、小田急線本厚木駅近くの風俗店で風俗嬢として働きはじめた。Mという店舗型のファッションヘルス店である。店の営業時間は午前十時から深夜零時で、愛美佳は週五日フルに働く。その間、理玖君は駅近くの託児所N（現在は廃業）にずっと預けっぱなしにされた。

それから数カ月して、愛美佳はさらに、自宅近くのコンビニで早朝のアルバイトまではじめる。これでは、理玖君の面倒を見る時間はなきに等しい。この頃の愛美佳の生活はこうだ。

幸裕が早番で出勤した後、午前四時半に理玖君をアパートに一人残してコンビニへ行く。勤務時間は五時から十時まで。それからアパートに帰って理玖君に食事を与え、今度はバスで本厚木駅に向かい理玖君を託児所Nにあずけて、Mで正午から深夜まで働く。これでは起きている理玖君の顔を見るのは、バスで託児所につれていくまでのわずかな時間しかない。

法廷で弁護士から、子供がいるのになぜそんなに長時間働いたのかと問われ、愛美佳は堂々と答えた。

「毎月の生活費だけじゃ、ぜんぜん足りないから。だって、ご飯だけじゃなくて、理玖の服とか買わなきゃいけないですよね。あと、自分が自由につかえるお金だってほしい。それで、自分で稼ぐことにしたんです」

愛美佳が本当に息子と生活のために給料をつかっていたかと言われれば、甚だ疑わしい。アルバイトをはじめてからも、理玖君は薄汚れた服を着せられ、髪も爪《つめ》も伸びっぱなしだったからだ。そもそもアルバイトをはじめる前に、月々の生活費を増額してほしいと幸裕に頼んだこともない。

いずれにせよ、こうした生活をしていれば、子供の養育に悪影響を及ぼすことは避けられない。理玖君は二歳近くになってもしゃべることができず、食事を一人で摂《と》ることすらできなかったという。夫婦と友人関係にあった高橋香《かおり》（仮名）は、当時の理玖君の状態について次のように語っている。

「アパートの中はすごく汚かったです。理玖君の体からは年中、おしっこの臭《にお》いがしていました。二歳になってもぜんぜんしゃべれない、ご飯も手づかみでしか食べられないって感じでした。スプーンをつかってるのも見たことがありません。たぶん、ご飯の食べ方を教わっていなかったんだと思います」

高橋が鮮明に憶《おぼ》えているのは、コンビニでアルバイトをしていた愛美佳から朝早くに電話を受けた時のことだ。いきなり「アパートで理玖が泣いてるみたい。今、バイト中で行けないから代わりに見に行ってくれない?」と頼まれたのである。慌《あわ》ててアパートにかけつけたところ、室内には目を疑うような光景が広がっていた。玄関から先は足の踏み場がないほどゴミが散乱していて、使用済みのコンドームまで床に投げ捨てられていたのだ。

一年近く前に来た時は、ここまで荒れてはいなかった。その間に何が起きたというのか。玄関先の和室からは、理玖君の激しい泣き声が聞こえてくる。高橋がゴミをかき分けて引き戸を開けると、理玖君がゴミに埋もれるようにしてたった一人で泣きじゃくっていた。毎日こうやって放置されていたのだろうと思うと、怒りが湧《わ》いてきた。

彼女はインタビューの中で、こう話した。

「結婚当初とはぜんぜん、家の中の光景はちがいましたね。まったくちがう家にきちゃったって印象でした。原因は、やっぱり愛美佳が家事をやらなくなったことじゃないですかね。

もともと齋藤（幸裕）は生活感のない人でした。子供と同じで食べたら全部そのまま っていう感じで、ゴミを捨てるとかそういう発想もない。すごくいい加減なんです。だから、愛美佳が家事をして何とかギリギリの状態だけは保ててた。

それが、夫婦の仲が悪くなって、愛美佳がバイトに明け暮れちゃったことで、あんなふうになったんだと思います。家の中は、誰が見ても完全に家庭が壊れちゃってるのがわかるぐらいメチャメチャでしたよ」

やがて、二人の関係を完全に壊す出来事が起こる。幸裕が、愛美佳の風俗店でのアルバイトに気づいたのである。幸裕は激昂《げきこう》して即座に辞めるように迫ったが、愛美佳はわかったと言いつつもアルバイトをつづけた。当然ながら、二人は一層ぶつかることが多くなり、暴力はさらに激しくなっていった。

妻の失踪

二人の結婚生活が完全に破綻《はたん》したのは、理玖君が三歳になった二〇〇四年の十月になってからだった。

裁判での供述に沿って経緯を説明したい。ただし愛美佳の証言は、その信憑性《しんぴょうせい》が疑われるため、あくまで彼女の言い分ということを前提にしていただきたい。

十月六日の夕方、アパートには珍しく幸裕と愛美佳と理玖君の三人が顔を揃《そろ》えていた。幸裕は早番だったため夕方には帰宅していて、愛美佳は風俗の仕事を休んでいたらしい。夕飯を摂ってゆっくりしていたら、愛美佳の携帯電話が鳴った。相手はヘルス店Mの同僚の女の子だった。彼女はいきなり、こう口走った。

「私、自殺する！」

状況はのみこめなかったが、同僚がパニックに陥っていることだけは確かだった。

「とにかく行ってあげなきゃ」と思い、愛美佳は幸裕に事情を説明して理玖君を任せて家を飛び出した。

法廷での愛美佳の話によれば、この友人はなぜか、本厚木からは一時間以上かかる西新宿のマンションに暮らしていたという。私が愛美佳の証言を疑うのは、裁判官から詳細を尋ねられて答えた内容が、あまりに不自然だったからである。彼女は急にどもりはじめ、「（友人の名前は）下の名前しか覚えてません」「（マンションの場所は）わかりません」「（この晩はどこに泊まったのか）忘れましたけど、たぶん友人の家だと思います」などと返答した。自殺すると訴えられて、夜中に駆けつけた相手の名前や住所を「わからない」などということがありうるだろうか。

この夜、彼女は西新宿の友人宅のマンションに泊まって「たぶん」朝まで過ごした。愛美佳のもとに電話がかかってきたのは、夜が明けて間もない時刻だった。電話の主は幸裕だ。彼は、電話越しに言った。

「厚木児童相談所から電話が来て、理玖を引き取りに来いって言われた。理玖が勝手に家を出ちゃったらしい。俺、いま仕事中だから行ってくんね？」

この七日、幸裕は早番で四時前に出勤していた。その直後、アパートに取り残されていた理玖君は、両親を捜そうとしてか、アパートから一人で外に出てしまったのだ。

この時の児童相談所の記録によれば、警察が通報を受けて理玖君を保護したのは午前四時半。路上でオムツに赤いTシャツ、裸足《はだし》といった格好で震えていた。警察は児童相談所に引き渡し、そこから幸裕のもとへ連絡がいったのである。

職員は理玖君に関する所見を残しているが、そこにはネグレクトによる影響と思われる症状が書き記されている。理玖君は三歳になっても「会話をすることができない」で、「職員にかけられた言葉をおうむ返しに答えるだけ」、言葉も「日本語かどうかもわからないような奇声を上げ」ることしかできなかった。さらに、「耳の中は垢《あか》だらけで、「爪は伸びて」いて、食事を与えると「左手で手づかみで食べ」ていたらしい。理玖君は左利《き》きだった。

午前十時過ぎ、愛美佳が厚木児童相談所に理玖君を引き取りにやってきた。この日は地区担当の児童福祉司が休日で出勤しておらず、代理の職員が対応した。職員は愛美佳に、理玖君が保護されるまでの顚末《てんまつ》をつたえたうえで、なぜ子供を一人にしていたのかと尋ねた。愛美佳の答えはこうだった。

「昨日の夜、いきなり友達にヤバイことが起きちゃったんです。自殺とか言われて。それで夫に理玖を任せて友達んとこに行ったんですけど、夫が出かけた隙《すき》に出ちゃったみたい。あたしとしては、こんなことになって反省してます」

職員はその説明に納得し、今後家庭訪問を行うという条件を出しただけで、「一時保護」を解除して理玖君を返した。

後からふり返れば、これが理玖君の命を救う絶好のチャンスだった。だが、職員は警察から「迷子」の案件として引き継いだため、所見においても同様の記述で地区担当の児童福祉司に引き継ぎを行った。後日、それを見た地区担当者は所見の記載を文字どおりに理解し、重大な問題が潜んでいるとは判断せず、そのままにしたのである。

この日、幸裕が夕方になって帰宅した時、愛美佳は理玖君と二人でいた。三人はしばらく家の中で過ごしていたが、愛美佳が急に立ち上がって言った。

「あたし、ちょっと買い物に行ってくる」

幸裕は、コンビニで食べ物でも買うのだろうと思って「わかった」と返事をした。愛美佳はバッグだけを持って出ていった。

しかし、愛美佳がアパートに帰ってくることはなかった。これ以降、行方がわからなくなってしまったのである。夜中になっても帰ってこないことに気づいた幸裕は、慌てて電話をかけてみたが、愛美佳が出ることはなかった。翌日も、その翌日も電話をかけたが、一向につながらず、家出したことを幸裕は確信したのである。

なぜ彼女は、理玖君を残して失踪したのか。

法廷で問われた際、その理由を「（幸裕の）DVが怖くて逃げだしました」と答えている。だが、まさにこの日、彼女は児童相談所で面会をして、家庭の状況を尋ねられている。実際に家庭内暴力で家出を考えていたならば、いくらでも相談できたはずではないか。

弁護士がその点を質問すると、愛美佳は言いよどんだ末に「児相（児童相談所）が何をしてるとこかなんて知りませんよ！」と反論した。だが、裁判官からも同じ質問を投げかけられると、今度は「児相に相談したけど、ぜんぜんアドバイスをもらえませんでした！」とか「児相からは、また何かあったら言ってくださいで終わった」などと、発言を二転三転させた。

家出後の生活についても、こうである。

「アパート出てからは、漫喫《まんきつ》（漫画喫茶）とかサウナ店とかにいました。この日はこっち、次の日はあっちって感じ。お金は、アパートを出た時バイトで稼いだお金が数万円ぐらいしかなかったです。それをちょっとずつつかって、何カ月か過ごしてました。でも、そのお金もなくなっちゃったから、それからはまた風俗でバイトしました」

この証言も矛盾がある。彼女には風俗店やコンビニで稼いだ金が相当程度あったはずだし、本当に数万円しかなかったら、何カ月も漫画喫茶やサウナで暮らせない。いったい、彼女は家出の後に何をしていたのか。

弁護士や裁判官も同様の疑問を抱いて、そのことについて尋ねた。だが、愛美佳は再び怒りだして「覚えてないです、正直」「さあ、わかんないです」とくり返したり、ふて腐れて黙りこくったりする始末。しつこく尋ねられれば、開き直ったように「若かったから知るわけない」「普通はわからないと思います」と答えた。

万事がこのような調子だったため、裁判では愛美佳が家出をした真の理由や、その後、何をしていたのかということは明らかにならなかった。

監禁生活

十月七日の愛美佳の失踪を機に、厚木のアパートで幸裕と理玖君の二人だけの生活がはじまった。運送会社で不規則な仕事をしながら、幸裕が理玖君の養育を一人でこなすのは明らかに無理があった。常識的には保育園にあずけるなり、実家の家族に助けてもらうなりする道を選ぶだろう。

だが幸裕は、そうは考えなかった。保育園に関しては、「俺はシフトがバラバラだし、早い時間にあずけるのは無理」と考えて諦《あきら》めてしまう。会社に説明してシフトを変えてもらえばいいものを、そういう選択肢は思いつかなかった。

家族の支援についても、実家は病気の母親の世話で手一杯で理玖君のことまで頼めないと思い、箱根の愛美佳の実家にはこうした状況さえつたえなかった。結果、幸裕はアパートで父子二人で暮らすことを選ぶ。

ゴミだらけの部屋で、幸裕は理玖君にこう言った。

「これからは二人だから、二人だけで生きていこうね」

うまくいくわけがないのは、火を見るより明らかだ。それなのに、幸裕は現実と向き合って解決策を練るのではなく、なんとかなるという思いで現状を受け入れてしまう。これが、地獄への第一歩だった。

幸裕はこれまでどおりドライバーの仕事をつづけながら、勤務中は理玖君を家に一人残しておくことにした。食事を与えるのは、出社前と帰宅後の一日二回で、いずれも近くのコンビニなどで買った、自ら言うところの「食事セット」(パン一個、おにぎり一個、レモンウォーター五百ミリリットルのペットボトル一本）だった。理玖君は自分で開封できないため、幸裕が開けて手わたしていた。おむつ交換は一日一回で、入浴は数日に一度。外出は、月に二、三回実家の近くにある公園へ車でつれていって遊ばせた。

幸裕はこのような生活について、堂々と「ちゃんと育児してた」「フツーに面倒見てました」と語っている。金魚を育てるのならば、一日二回餌《えさ》を与えて、月に二、三度水を取り換えれば十分だろう。だが、人間の子供を育てるというのは、そうではない。向かい合って笑ったり、肩を並べて一緒に何かに取り組んだりという、感情の部分での触れ合いも重要だ。幸裕にはそういう意識が、まったく欠如していた。

やがて、こうした生活ですら立ちゆかなくなった。愛美佳が出ていった一週間後にはアパートの電気が止まり、つづいてガス、水道が料金未払いのため止められてしまう。雨戸を下ろしたゴミだらけの部屋は、お互いの表情さえわからないほどの深い闇《やみ》に閉ざされた。

幸裕は料金を支払うわけでもなく、暗い部屋でそのまま暮らしつづけた。すでに述べたように、幸裕には月に二十三万～二十五万円の手取り収入があったし、多少のローンを抱えていたとしても車を売ることだってできたのだから、常識的に考えればライフラインの復旧を優先するはずだ。

だが、彼がしたことといえば、懐中電灯を和室のベビーベッドの傍に置いたのと、使用していない携帯電話を天井からヒモでぶら下げて豆電球替わりにしたことだった。飲み水は近くの公園で汲《く》んできて、用を足したくなれば小便は二リットルのペットボトルに、大便はビニール袋にしてゴミの日に捨てた。入浴はせず、数日に一度、自分と理玖君の体を濡《ぬ》れたタオルでふくだけだった。これについても幸裕は「(理玖君の)体もきれいにしてました」「ちゃんとふいてたので汚くないです」と胸を張って述べている。

理玖君を和室に監禁するようになったのも、この時期だった。二人だけの暮らしがはじまったばかりの頃は、玄関の鍵《かぎ》をしめるだけで理玖君は家の中で自由に歩き回れた。だが、一度仕事で不在の間に、理玖君が再び勝手にドアを開け、外へ出てしまったことがあった。たまたまアパートの裏にいてすぐに見つけられたが、次に同じことが起きたらまた児童相談所に保護されて呼び出されると考え、外出中は理玖君を和室に閉じ込めることにしたのだ。これが、雨戸を下ろし、外出のたびに引き戸に粘着テープで目張りをするようになった理由である。

幸裕はこの生活について、平然と語る。

「部屋は暗かったっすね。けど、目が慣れてくれれば、なんとなくどこに何があるかわかるもんです。だから、不自由とか別になかったっす。和室にはベビーベッドの横に布団《ふとん》が敷きっぱなしになってて、理玖は大体その上にすわっている感じ。理玖は立ち歩いたりはしないっすよ。もとからあんまりしゃべんなかったし、泣くとかもなかった。ずっと静かに大人しくしてる子でした。

俺が家に帰ってきた時は、理玖は喜んでましたよ。『パパ、パパ』って言って立って近づいてきた。頭とか触ってきましたね。俺も仕事で疲れてない日だったら、部屋の中で理玖と一緒に遊んであげましたよ。

日常のことは全部やってました。おむつは、中を見てうんこしてたら取り替えた。飯は、買ってきたパンとかおにぎりとかの袋を開けてわたしたら、自分で持って食べてた。栄養は、足りてました」

部屋は闇に閉ざされ、使用済みの紙オムツや残飯が強烈な悪臭を放ち、床には虫がわいていたはずだ。

彼は、こうした状況をおかしいとは思わずに、帰宅すれば、暗い和室にすわって缶酎《ちゅう》ハイを三本ほど飲んでくつろぎ、ほろ酔い気分になったところで理玖君と同じ布団で眠った。しかも、そのような生活を二年余りもつづけていたのである。

裁判の最中、あまりの異常な生活に傍聴席からは何度もため息が漏れた。裁判官が首を傾《かし》げて、不便ではなかったかと問うても、幸裕からは、「普通に生活できました」「よく見えない時は懐中電灯をつかえばなんとかなりましたから」という答えしか返ってこない。彼にとってはその程度のことで、他人が考えるように理玖君をネグレクトの状態に置いていたつもりはさらさらなかったのだろう。

率直に言えば、傍聴者の間からは幸裕に知的障害があるのではないかという声が少なからず上がっていた。そうでなければ、このような生活を受け入れられるはずがないと思ったのだ。だが、幸裕には少なくとも県立高校の普通科へ行くだけの学力はあったし、バイクや車を改造できるような器用さもあった。また、会社での勤務態度も非常に優良で、女の子をナンパするようなコミュニケーション能力だって具《そな》えていた。つまり、一般的に想像されるような問題はないのだ。

これは、法廷で証言した西澤教授も認めている。教授は心理鑑定をした結果を踏まえ、幸裕の性格について次のように分析している。

「普段生活をしていて著しくすべてが劣っているわけではないと思います。ただ、電気や水道が止まるなどという生活環境は、一般的にはかなり異常です。でも、被告（幸裕）は、こうした環境を普通に受け入れて暮らしている。この要因としては、彼の持つ『極めて強い受動的な対処様式』があると考えられます。

　心理鑑定の中で、私はあのような家で暮らすことをどう思ったのかと尋ねたところ、被告は『なんとかなると思った』とか『自分なりにやることをやってた』と答えました。大抵の人はそう思わないで環境を改善させますが、彼はすべてのことについて『何とかなる』と考えて受け入れて、『自分なりにやってた』という気持ちになってしまうのです。これが彼の持っている特殊な『受動的な対処様式』なのです」

　前述したように、教授によれば、幸裕がこうした性格になった背景には、母親の統合失調症が大きな影響を及ぼしているという。幸裕は子供の頃、毎日母親の通常では考えられないような言動を目《ま》の当たりにしなければならなかった。女性とはいえ、大の大人が火や油を持って大声で叫び暴れていれば、十二、三歳の子供にはどうすることもできない。そのため、幸裕は目の前で起きた不条理な出来事を「なんとかなる」とそのまま受け入れるようになった。そのつみ重ねが、彼のいびつな人格を形成したというのだ。

　そしてもう一点、教授は幸裕の性格の特異性として「育児イメージの乏しさ」を挙げている。

「大部分の人は、育児についてのイメージを持っているものです。明るい部屋で育てようとか、ご飯を三回きちんと食べさせようとかそういうことです。けれど、被告にはそれがかなり乏しかったと考えられます。

食事について中身は問わず、とりあえず一日二回あげさえすればいい、外出も月に一、二度公園へ行けばいい、コミュニケーションについても『ご飯食べる？』とか『うんち？』と訊《き》けばできていると思っているんです。だから、本人からすれば『自分は育児をちゃんとした』という気になってしまう。そこが一般の人と相当の開きがあるような気がします」

幸裕は公判で何度か「理玖を愛していました」「生活はうまくいってました」と平然と語っていたが、教授の説明に従えば、彼なりの本音だったのだろう。そしてその歪《ゆが》んだ特質は、医学的に精神障害と定義されるものではないため、福祉の手が入って生活が支援されることはなかったのだ。

愛美佳の家出から二カ月後の年末には、寒さの到来とともに仕事が繁忙期を迎えたこともあって、幸裕は早くも理玖君を公園へつれていくのを止《や》めてしまう。真っ暗な部屋に閉じ込められていた理玖君は、次第に筋力が落ちて歩き回ることすらできなくなっていった。いつしか幸裕が帰ってきても、布団の上にすわったまま喜びを表わすだけになったという。

そんな理玖君にとっての唯一《ゆいいつ》の遊びといえるものは、幸裕が帰宅した後、ポルノ雑誌を細かくちぎって紙吹雪のように撒《ま》き散らしてもらうことだった。グラビアの紙片が、雨戸の隙間から漏れる光に反射して、わずかばかり輝いて見えたのかもしれない。幸裕がそれをすると、理玖君は「キャッキャッ」と声を上げて喜んだ。

この遊びがよほど楽しかったのだろう、理玖君は幸裕が出かけた後も、一人で紙片を集めては宙に投げて遊んでいたようだ。事件発覚後、警察が大量のゴミから証拠となるものを選別している最中、ペットボトルの中に紙吹雪のための紙片がたくさん入っているのを発見している。

なぜ救出されなかったのか

アパートでこのような光景がくり広げられる一方で、児童相談所は何をしていたのか。

先に述べたように二〇〇四年十月七日の早朝、厚木児童相談所は警察から「迷子」という連絡を受けて理玖君を保護した。ただ、その時に対応した職員は愛美佳との面会後、特に問題がないと判断して「一時保護」を解除し、「迷子」の案件のまま地区担当者に引き継ぎをしている。五日後に開かれた処遇会議（家庭をどう支援するか決定する会議）でも、齋藤の家について継続的に家庭訪問をして様子を見ることが決まったが、それが実行されることはなかった。

どうしてこのような事態になったのか。それは、当時の児童相談所の危機管理体制が不十分だったからだ。

ここ十年ほどの間に数々の虐待《ぎゃくたい》事件が表面化して、社会的にも予防の重要性が認識されたことで、児童相談所の職場環境は大幅に改善された。職員の増員、専門家の導入、他機関との連携などが進んだのだ。逆に言えば、当時はすべてにおいてそれらが整備されていなかった。

危機管理の面でいえば、理玖君が保護された時点ではネグレクトと思われる痕跡《こんせき》があり、所見にも残されていたのだから、現在の判断基準であれば明らかに「虐待」とされるはずだ。だが、二〇〇四年当時は担当者の判断のみに委《ゆだ》ねられ、母親の主張だけを聞いて「迷子」の案件として処理されたのだ。

慢性的な人手不足の問題もあった。一人の児童福祉司が、担当地区で百五十世帯もの家庭を受け持っていて、日々新しい案件にも対応していかなければならなかった。これらの家族の中には、ひどい暴力が顕在化している重大な「虐待」案件も多く含まれていたことから、「迷子」とされた理玖君は優先順位が下げられ、家庭訪問すら行われなかったのである。

さらに他の機関との横のつながりもなかった。理玖君は三歳六カ月健診以降、一度も定期健診を受けておらず、小学校にも入学していない。だが、そうした情報が児童相談所に届くことはなかった。

当時の厚木児童相談所の地区担当だった児童福祉司の鹿山直人《しかやまなおと》（仮名）は、これらすべてを認めたうえでこう語った。

「結果的に重大事件になってしまいました。でも、あの時の判断がまちがっていたかと言われれば、結論は難しいと思います。あの時の児童相談所の体制では、しょうがない部分もあったのかなと思います」

児童相談所の管理体制の不備が、理玖君をセーフティーネットの網の目からこぼす結果を招いてしまったのである。

とはいえ、別の誰かが理玖君を助けることはできなかったのか。たとえば、母親の愛美佳が本当に理玖君を想《おも》っていたのなら、引き取って育てることはできたはずだ。

事実、愛美佳は家出から数カ月後に厚木のアパートに帰って、ライフラインが止まった家庭の異常な様子に気づいている。帰宅した回数は、愛美佳が「一回だけ」と言い、幸裕は「四、五回あった」と主張しているが、一致するのは家出から四カ月後の冬の日のことである。

この日、愛美佳は漫画喫茶やサウナを転々とするなかで「理玖のことが心配」になってアパートに帰った。彼女に対する怒りはあっただろうが、幸裕はひとまず彼女を家に上げて理玖君に会うことを許した。愛美佳は久々に顔を見る理玖君を懐《なつ》かしがって、抱きしめたり話しかけたりして思う存分かわいがった。

この夜はアパートに泊まっていったというから、電気や水道が止まり、ゴミが山積みの不衛生な状態にあったことは認識していただろう。理玖君を大切に思うならば、何としてでもつれて出るはずだ。だが、彼女は会えたので満足したとばかりに、「ゴミは片づけなよ」の一言だけを残し、理玖君を置いてさっさと出ていってしまった。

裁判でなぜ理玖君を救い出さなかったのかと尋ねられ、愛美佳はこう反発した。

「ずっと（理玖君のことが）気になってました！　でも、あの時はお金とか住む所とかなかったし。引き取るのって絶対無理だったんです！　いつかお金が貯《た》まったら、ちゃんとつれてって育てたいって思ってました。それは電話でも、メールでも、（幸裕に）つたえてましたよ！」

生活環境が整ってから理玖君を迎え入れようとしていた、というのだ。だが、現実は正反対だった。愛美佳は東京でも風俗の仕事につき、タガが外れたように金遣いが荒くなって、幸裕にまでその一部を肩代わりさせていたのである。

その一つが、携帯電話料金の支払いだ。愛美佳は家出した後も、同じ携帯電話をつかって幸裕に請求がいくようにしていた。幸裕は、携帯電話の契約が家族名義だったことから、愛美佳の分も支払わなければ自らの携帯電話も契約が解除されてしまうと考え、律儀《りちぎ》に全額を払っていた。その額は愛美佳の分だけで毎月五万円に上ったというから、月収の四分の一から五分の一を占めていたことになる。

二つ目は、つけの支払いである。愛美佳は家出後何カ月かして、「生活するためと、理玖を引き取るため」として風俗店で働きだした。ところが、将来に備えて蓄えるわけでもなく、友人とともにホストクラブへ行っては明け方まで遊び狂っていた。おまけに支払いに困った際は、担保として健康保険証を置いて逃げた。

ある日、幸裕が出勤したところ、上司に呼ばれてホストクラブから多額の請求がきていると教えられた。愛美佳がホストクラブでおよそ三十万円の飲み食いをした挙句、保険証を置いていったというのだ。愛美佳の本名でインターネット検索すると、ホストの情報共有サイトで複数のホストから「掛け飛び」（代金の踏み倒し）の常習犯であると書かれている。きっと確信犯なのだろう。

さらに、医療費の未払いの請求が回ってきたこともあった。都内の眼科から幸裕のもとに請求書が届いたので、何事かと問い合わせると、愛美佳が治療を受けたものの、支払いをせずに保険証の記録だけ残して連絡を絶ったのだという。また、二〇一四年の事件発覚の後のことになるが、都内のマンションを幸裕の名義で借り、家賃二百五十万円を滞納したまま夜逃げしている。

驚くのは、幸裕がホストクラブのつけも、眼科の治療費も、すべて全額支払っているることだ。本来なら弁護士に相談するような内容だが、素直に支払ってしまうところにも、幸裕が持つ「極めて強い受動的な対処様式」が見て取れる。

このようにして、幸裕の家計はじりじりと追いつめられていった。ここで、幸裕の月の支出を確認しておきたい。

飲食費　十万円

携帯(二人分)　七万～八万円

車のローン　二万五千円

消費者金融への支払い　二万円

家賃　六万円

これだけで月に二十八万円ほどになり、収入を上回ってしまう。この他に、医療費や車やバイクの保険代やガソリン代、それに被服費など、その時々の出費を考えれば、賞与があることを考えても生計は苦しかったにちがいない。こうしてみると、愛美佳からの請求が二人の生活をどれだけ圧迫していたかがわかる。

幸裕は、どれだけがんばって働いても生活は困窮したままで、家に帰れば理玖君の相手をしなければならないといった現実に疲れ果てていた。二〇〇五年の春、彼は八歳下の女性と出会い、あたかも現実逃避するかのごとく恋に溺《おぼ》れるようになる。

愛欲、そして死

その女性との出会いは、本厚木駅前のキャバクラだった。名を、中谷《なかや》春奈《はるな》（仮名）といった。彼女は高校を卒業した後に美容専門学校に通い、パリへの研修旅行の費用を貯めるために夜のアルバイトをしていた。彼女は、フリーの客として来店した幸裕につくと、ウマが合ったのか、すぐに連絡先を交換した。

後日、幸裕は春奈と居酒屋へ飲みに行き、それをきっかけにして付き合いはじめた。幸裕は独身だと偽り、子供がいることも秘密にした。春奈はそれを信じ、彼のことを「ゆきたん」と呼んで関係を深めていった。

二人は週に一度のペースで会って、毎回ラブホテルへ行っていた。午後七時頃に幸裕はバイクで、春奈は自転車で待ち合わせ場所に向かい、厚木市内のラブホテルへ行って翌日の昼まで過ごした。ホテル代や食事代など一回のデートに一万五千～二万円かかり、費用はすべて幸裕が払っていた。

春奈は法廷で、次のように話した。

「彼とはコンビニでお酒を買ってホテルへ行くことがほとんどでした。たまにホテルへ行く前に居酒屋でお酒を飲むことはありました。あとは、パチンコ行くか、ゲームセンターでプリクラやメダルゲームをするぐらい。

性格はすごくやさしかったです。私がディズニーランドを好きなのを知っていて、何度かつれていってもらったこともあります。一緒にいて暴力をふるわれたことは一度もありませんでした。大きなケンカをしたこともなかった。怒鳴られたこともありません。あんまり自分の意見を言う感じじゃなく静かでまじめな印象です」

愛美佳が語る幸裕像とは、あまりに異なる。幸裕は、相手が激昂すれば感情的になって手を上げるが、相手がおとなしければ自分もやさしくなるタイプなのかもしれない。

この頃の幸裕にしてみれば、春奈の存在は暗い現実に射《さ》した一筋の光のようなものだったろう。ラブホテルでほろ酔い気分になってセックスをしている間だけは、家の現実を忘れられたのかもしれない。だが、逃避して春奈にのめり込めばのめり込むほど、暗いアパートで理玖君が一人ぼっちですごす時間は増えていく。デートの日は早番で午前四時には出勤していたとすれば、少なくとも一日半は家を空けていたことになる。

幸裕は法廷で「ホテルに泊まった日は、食事セットを多めに置いてました」と語ったが、ペットボトルの蓋《ふた》すら自分で外せない子が、真っ暗な部屋で与えられたものを小分けにして食べることができるわけがない。オムツは糞尿《ふんにょう》にまみれ、布団に水をこぼせば濡れたままだ。部屋が暑くても寒くても、耐えるしかない。

愛美佳の家出から一年が経《た》っても、児童相談所だけでなく、親族すらこうした状況に気づいていなかった。幸裕の父親はアパートから車で三、四十分のところに住んでいたが、少し前につまらないことで息子と口論になってから関係が悪化し、一切の連絡を絶っていた。妹や弟も、病気の母親の面倒を見るので手一杯だった。そのため誰一人として愛美佳が出ていったことや、理玖君が家に置き去りになっていることなど知らずに、うまくやっているはずと思い込んでいた。

愛美佳の方は、相変わらず行方をくらましていた。二、三カ月に一度、思い出したようにショートメールで、「ひさしぶり。理玖どうしてる?」などとメッセージを寄こすことはあったが、幸裕は春奈という新しい恋人を得ていたこともあって愛美佳を突き放し、冷たくこう返信するだけだった。

〈だいじょうぶだから〉

〈元気だから〉

愛美佳は愛美佳で、「理玖は元気にやっているんだ」と都合よく解釈して顔を見に行こうともせず、ホスト遊びをつづけていた。

理玖君の生活環境は、二〇〇六年の四月に春奈が専門学校を卒業した頃からさらに悪くなっていく。春奈が美容院で働きだしたことで、二人は週に二、三回の頻度で会うようになったのである。平日は仕事終わりの午後八時にラブホテルに入り、深夜の二時か三時にチェックアウトして帰宅したが、翌日が休みの日は宿泊して昼まで過ごした。

これほどまで頻繁に会うようになった背景には、春奈が幸裕との将来を考えていたこともあった。彼女の目に映る幸裕は、やさしく、頼りがいがあって、仕事熱心だった。

幸裕の人間像を語る春奈の言葉である。

「仕事ぶりはものすごく真面目《まじめ》でした。雨でも体の調子が悪くても、かならずちゃんと出勤してましした。かなり忙しそうでしたが、あんまりそういうことは言わない人でした。一度会社の前までつれていってもらったこともあります」

勤め先の上司にあたる厚木営業所の所長も、似たような印象を持っている。

「齋藤君を一言で表わせば、『真面目な職員』でした。遅刻、早退、欠勤はほぼありません。クライアントともうまくやってて、勤務評定はずっとAでした。勤務評定は上司が四段階に分けてするのですが、Aを取れるのは従業員の二十パーセントです。資格の勉強もしていて、運行管理者や整備管理者などの資格を取得してドライバーから主任へと昇進も果たしています。ただ、社内に友人はいないみたいでしたね。誰かと仲良くするとか、打ち明けて相談するとかいうより、黙々と働いてる感じでした」

この年の秋になると、幸裕がアパートに帰るのは二、三日に一度、ないしは週に一度にまで減っていた。幸裕にとって、春奈と外で過ごす幸せな時間こそが現実であったのだ。

二〇〇六年の十月から十一月にかけて、理玖君はおにぎりやパンを食べることも減り、骨と皮ばかりに痩《や》せ衰えていたと思われる。幸裕は「(暗い中で)ライトで照らしてみたら、普通だった」「痩せてるとかそんな感じじゃない」と述べたが、遺体の鑑定をした医師はそれを否定した。

「レントゲンで見るかぎり、体全体が黒っぽく変色していて、骨の厚みが同じ年の子の半分以下しかありません。これは栄養が不足していたことによって、骨が衰えてしまっていたためだと考えられます。おそらく動き回れないなど運動能力は衰えていたはずです」

別の医師も遺体の検案をとおして、理玖君に「羸痩《るいそう》」と「拘縮《こうしゅく》」の痕《あと》を見つけ、飢餓状態にあった可能性が高いと述べている。「羸痩」とは骨と皮だけに痩せ衰えている状態、「拘縮」とは手足や指の関節などが栄養失調によって固まって反っている状態だ。死亡推定日が翌年の一月とされていることからすれば、明らかにこの時期には右のような症状が現われていたと考えられる。

それでも、この段階で幸裕が理玖君を病院へつれていってさえいれば、最悪の事態を回避することができたはずだ。幸裕は暗い部屋でわからなかったのか、虐待を疑われるのが恐ろしかったのか、あるいは現実を直視したくなかったのか、春奈との恋にますます溺れていく。

それを象徴するのが十二月五日、理玖君の死の一カ月ほど前のデートだ。幸裕は春奈の休みに合わせて、早朝六時頃に本厚木駅を出てディズニーランドへ出かけ、閉園の午後九時までずっと遊んでいた。その時に撮ったプリクラには、二人が仲良くくっついて並ぶ姿が写っており、春奈の「いつまでも一緒にいようね」というメッセージが記されている。これが、運送会社に就職して初めて取った有給休暇だった。

このデートから一カ月余、理玖君は死亡した。絶命した日は、幸裕が記憶していないため定かではない。警察は残された二トンに及ぶゴミの中から食品の消費期限を調べ、二〇〇七年の一月中旬だと割りだしている。幸裕が理玖君の死に気づいた時のことを、本人の供述をもとに再現したい。

その日、幸裕は仕事を終えてから、帰宅途中にコンビニで買った食事セットを持って自宅のドアを開けた。家の中は相変わらず暗く、生ゴミや紙オムツの悪臭が立ち込め、さらにはしんしんと冷えていたはずだ。彼は貼《は》りつけていた粘着テープの目張りを剝《は》がし、いつもどおり和室の戸を開けた。

布団の上には、理玖君が「Tシャツ一枚の姿」で横たわっていた。いつもは幸裕が帰ってくると喜んでふり返るのに、この日にかぎってはじっとしたままだった。あまりに静かなので、声をかけて「肩のあたり」を触ってみた。理玖君はまったく動かない。

幸裕は異変を感じて部屋にあった「懐中電灯で照ら」した。すると、理玖君の「目が開い」たままになっているのが見えた。もう一度手を伸ばしてみる。呼吸をしている様子がない。脳裏に、「理玖が死んでる」という思いが過《よぎ》ると同時に、「パニック」になった。幸裕はその後のことをまったく覚えていないが、数時間は暗い部屋に一人で留まっていた。

われに返った幸裕が思ったのは、「死んだことが知られたら逮捕される」ということだった。それは春奈とせっかく築き上げた関係が壊れることを意味していた。遺体を放置して逃げるしかない。だが、「部屋が寒かったので、(理玖君が)かわいそう」と思って、その場にあった毛布をかぶせてあげてから、いそいで部屋を出ていった。

それからの幸裕は、アパートには帰らずに外泊をつづけた。寝場所は、車の中か春奈と入ったラブホテルだった。アパートにもどったのは一度だけ。一週間ほど経ったある日、理玖君に対する罪の意識に耐え切れなくなり、せめて「弔い」だけはしてあげようと思い立ったのだ。

普通ならば、親として我が子の〝埋葬〟ぐらいは考えるものだ。だが幸裕は、違った。近くのコンビニでコロッケパンとペットボトルのジュースを購入し、アパートのドアを開けて玄関にそれを置いて手を合わせただけで、また逃げるように去ったのである。

そして、この日から七年半もの間、幸裕は二度とアパートを訪れなかった。理玖君の遺体は、誰にも気づかれないまま暗い部屋でミイラ化していった。

その後、幸裕はどうしたのか。

理玖君が死亡してから五カ月後の二〇〇七年六月下旬、幸裕は別にアパートを借りて春奈と同棲《どうせい》をはじめた。車中泊をいつまでもつづけるわけにいかないが、かといって自分の名義でアパートを二つ借りれば怪しまれる。そこで敷金、礼金、家賃をすべて払うという条件で春奈の名義で借り、一緒に暮らすことにしたのだ。新たなアパートは、事件現場となった黄色いアパートから車で三十分ほどの距離だった。

幸裕が理玖君の遺体をそのままに、月六万円の家賃を払って元のアパートを借りつづけたのは、「遺体を棄《す》てる勇気がなかったから」という。彼は、事件後の心境を次のように語っている。

「(いつバレるかという)怖さはずっとあったっすね。理玖にも『すまない』『ごめん』って思ってました。悪いことしてるってのもわかってました。ちょっとも忘れたことはないです。仕事中とかも、ずっとどっかで理玖のことを考えてました」

頭の中には理玖君の残像がつきまとい、それに苦しめられていたのだ。

やがて、幸裕は狭いアパートでフェレットを九匹も飼うことにした。動物が好きなわけでもないのにそんなに多くを飼ったのは、動物に癒《い》やされたかったからか、あるいは、理玖君の代わりに小さな命を育《はぐく》みたかったからか。

春奈は、同棲中の幸裕についてこう述べた。

「同棲を開始した直後は、まだ心を開いてくれていない感じがしてました。絶対に自分のことは話してくれませんでした。なんか秘密を一人で抱えているみたいな感じ……実家のことは聞いたことありません。

夜寝ている時に、よくうなされてました。目を覚ますと、(幸裕が)『うー』って変な声を出しているんです。後で訊いてみると、『すごく怖い夢を見るんだ』って言ってました」

幸裕も、理玖君を死なせてから、「自分が殺される夢」を頻繁に見るようになったと認めている。日によっては罪悪感に苛《さいな》まれ、「早く捕まえてほしい」「捕まって楽になりたい」と考えることもあったらしい。一人で罪を抱えて生きていくことに、疲れ果てていたのだ。

しかし、厚木児童相談所の対応は、後手後手に回っていた。小学校入学前の「就学時健康診断」が未受診だったことは児童相談所につたわらず、小学校に登校してこないことが明らかとなってようやく家庭訪問が行われた。が、アパートにひと気がなかったことから「居住の様子がない」と処理されただけだった。その後、児童相談所による家庭訪問が行われても「留守」ということで片づけられ、要注意家庭の一斉点検が行われても調査対象リストから漏れてしまう。こうして何年もの間、実態は闇に包まれたままだったのだ。

ようやく事件の全容が明らかになったのは、理玖君が十二歳になっても中学校へ上がってこないため、教育委員会が調査を開始したことがきっかけだった。二〇一三年十二月から翌一四年一月にかけて、担当者が幸裕の所在を突き止めて理玖君の居場所を尋ねたところ、幸裕は「子供は母親（愛美佳）と東京のどこかにいる」とごまかした。

教育委員会は、それを受けて愛美佳やその実家を調査。すると、愛美佳の親族から「二、三歳の時に会ったきり不明」との情報を得る。これでようやく事件性が疑われて警察へ届出がなされ、理玖君が行方不明になっていることが明るみに出たのである。

そこで警察が本腰を入れて解明に乗り出すことになった。

すべてが白日の下にさらされたのは、二〇一四年の五月三十日だった。幸裕が配送を終えて車で会社にもどってくると、事務所で捜査員が待ち構えていた。捜査員に理玖君の行方を尋ねられた幸裕は「知らない」と答えたが、そのまま任意で警察署への同行を求められた。

警察署の一室で、事情聴取が行われた。幸裕に、捕まって楽になりたいという気持ちもあったのだろう、間もなく真相を語りはじめた。これを受けて、その日のうちに警察がアパートに立ち入って、和室から理玖君の白骨化した遺体を発見した。

遺体の身長は一メートル弱。正確な数字が出ていないのは、ミイラ化していてわからないためだ。仮にこれが正確なら、長い監禁生活のせいか、死亡時五歳八カ月と推定される理玖君は四歳児の平均身長ほどしかなかったことになる。

判決の後

二〇一五年十月二十八日、私は朝早くから車に乗って横浜拘置支所へ向かっていた。再び幸裕と面会するつもりだった。

六日前、横浜地裁は一カ月余の裁判を終え、幸裕に「懲役十九年」の判決を下していた。この刑期は、同類の事件に比べれば重いものだった。裁判長はその理由を、次のように述べた。

「相当衰弱していた長男は何ら非がないにもかかわらず、唯一すがるべき存在であった父親から十分な食事も与えられず、救命措置らしい措置さえ受けることなく、ゴミに埋もれた不快で異常な環境の中に放置され、少なくとも一カ月以上の長期間、極度の空腹による苦痛を感じ、重度の拘縮にまで至り、絶命していきました。その顚末《てんまつ》は涙を禁じえず、その残酷さは想像を絶します」

裁判員の一人は、判決を聞いて嗚咽《おえつ》した。だが、幸裕は顔色一つ変えずに黙って聞くだけだった。

横浜拘置支所一階の面会受付で手続きをすませ、私はベンチで一人待った。十五分ぐらいして名前を呼ばれたのでノートとペンを持って面会室に行くと、すでに幸裕がアクリル板の向こうにすわっていた。前回と同じグレーのTシャツ姿だ。

彼は私が椅子《いす》にすわるなり、いきなり差し入れがほしいと言い出して「チョコパイ」「かりんとう」「珈琲飴《コーヒーあめ》」など甘い物を列挙しはじめた。子供のように一つひとつ指を折りながら挙げる様子を見るかぎり、ずっと前から考えていたのだろう。

私は一通り頼まれたものをメモしてから、他に面会に来る人はいないのかと尋ねた。

「いないっす。誰も来ないいっす」

——家族も？

「親父《おやじ》も、妹も一度も来たことないっすね」

私は法廷や自宅で父親と会っていたが、誰に対しても威圧するようなしゃべり方をする人だった。法廷でも幸裕への怒りをあらわにしていたから、事件発覚と同時に縁を切られたのかもしれない。

時間もないので私は早速、懲役十九年という判決について尋ねてみた。幸裕は少し口をとがらせて答えた。

「ショックっすよ。長すぎないっすか？　殺人ってことになってるけど、なんであれが殺人なのか意味わかんないです。医者だって理玖の死体を実際に見たわけじゃないんですよ。写真だけ見て殺人だって、なんでそんなのわかるんすか？」

——では、なんで理玖君は亡《な》くなったのだと？

「そんなの俺が知りたいっすよ。俺はちゃんとかわいがって、やることやってましたから。誰より一番理玖の世話してましたから！」

逮捕から判決にいたるまでの間に、弁護士や検察官から客観的に見ればネグレクトであるという事実をさんざん聞かされてきたはずだ。にもかかわらず、幸裕は判決が出てもなお、正しい養育をしていたと信じて疑わないのだ。

ためしに、無罪になると信じていたのかと尋ねる。幸裕は首を傾げた。

「一応部屋で死んでるから無実とは思ってなかったっすよ。死体もそのままにしちゃったし。でも、せいぜい七、八年くらいでしょ」

子供を一人死に追いやって、なぜ七、八年だと思うのか。

「だって、赤ちゃんが死んじゃったとかって普通にある話でしょ？　ちがいます？もしかしたら俺が悪いことしたのかもしんない。でも、わざと殺したんじゃない。それなのに十九年は長いってことっすよ。だから俺、控訴するんです。もっかい裁判をさせます」

たとえ幸裕が思春期の母親との関係から「幼稚」「受動的な対処様式」「忘却癖」の傾向が顕著だったとしても、理玖君が真っ暗なゴミ屋敷の中で餓死した経緯を考えれば、責任は重大だ。しかし彼はまだ、その事実に向き合えていないのだ。

――あなたは裁判が何もかもおかしいと言いますが、特にあなたが許せないと思うのは？

「あいつ」

彼はブスッとして言葉を継ぐ。

「決まってるじゃん。あいつが一番おかしいっすよ」

怒りで唇が震えはじめていた。愛美佳のことを言っているのだ。

「裁判でのあいつの発言聞きました？　ほとんど嘘《うそ》っすよ。ほとんど全部。あいつ、理玖を育てるのが面倒だからって俺に押しつけて、事件を全部俺のせいにして逃げるつもりでしょ。ふざけんなっすよ」

また口から唾《つば》が飛ぶ。

「なんで裁判官とかみんな変だって思わないんすか？　あいつはのうのうと自由に暮らして、俺だけ長く刑務所に入んなきゃいけないって絶対おかしいでしょ」

私は、二〇一五年十月一日の第八回公判に証人として現われた愛美佳のことを思い出した。彼女はプライバシーの保護を理由に、証人席を衝立《ついたて》で覆《おお》わせて傍聴人に顔を見られないようにしたうえで、あきれた物言いをくり返した。

最初は長男を失った母親らしく涙で声をつまらせ、自分はＤＶ被害者で、それから逃げ出しただけだと主張していたが、裁判官につじつまが合わない点を指摘されると、開き直ったように食って掛かったり、ふてくされて黙り込んだりした。傍聴人ですら何度も首を傾げていたのだから、幸裕がそれを真横で聞いて怒りを覚えるのは、ある意味当然である。

「石井さん、事件のこと書くなら、あいつのこと書いてください。あんな裁判だけじや、事件のことなんてぜんぜんわかんないっすよ」

返事に窮した。

「マジ、やってくださいよ。あいつも罰してください」

この期《ご》に及んで愛美佳を法廷に立たせ、何かしらの罪で裁くのは難しい。彼女は直接の加害者ではないのだ。だが、事件のことを深く知れば知るほど、愛美佳が幸裕一人に罪をかぶせて知らん顔をしたまま生きることに疑問を感じずにはいられなかった。

育児は両親の責任であって、どちらかだけがすべてを負うべきものではない。そして、この事件が起きた発端の一つは、愛美佳が家出をしたことにある。もしネグレクトが起きた原因を突き止めるのであれば、愛美佳がその行動に至った経緯を明らかにしなければならないだろう。

幸裕の怨恨《えんこん》は別にして、裁判を終えてもなお抱えたままのわだかまりを解消するためにも、謎《なぞ》に満ちた愛美佳の足跡を追おうと私は考えた。

産んではいけない夫婦

小田急線の本厚木駅は、新宿から急行に乗れば一時間弱である。厚木市は、神奈川県のほぼ中央部に位置する。神奈川県の繁華な街、川崎や横浜は海沿いにあり、厚木は内陸のそれといえなくもない。近くに米海軍と海上自衛隊が共同使用する航空基地もあることから、街には外国人の姿も目立つ。

本厚木駅前には、大型商業施設が建ち並んで、平日でも日中からにぎわいを見せている。駅前のロータリーに、買い物袋を持った年配に交じって学生風の男女のグループが多いのは、このあたりに大学など教育施設が多いからだ。若者向けのスイーツの店や大型書店も目につく。

商店街を少し先へ行くと、街の雰囲気は一変していかがわしい店の看板が現われる。殺伐とした雑居ビルにはすべての階に、ピンサロやヘルスなど多種多様な風俗店が入店し、店の前には黒服姿の呼び込みの男たちが立って、携帯電話を片手に流し目を送っている。ホストクラブの看板が日中から明滅しているのは、昼の部と夜の部にわかれて営業しているからだ。

そんな騒々しさが感じられるのも駅の周辺だけ。タクシーに乗って郊外へ十分ほどゆられれば、山や森がつらなる素朴な風景が広がる。たまに、企業の大きな工場があったかと思うと、その周辺は新興住宅地になっていた。

タクシーの運転手によれば、本厚木は東京のベッドタウンというわけではなく、どちらかといえば神奈川県内の会社に勤める人々や、工場の労働者が多く暮らしているという。

二〇一五年十一月のこの日、私が目指していたのは、そんな郊外にある奈良《なら》麻衣(仮名)という女性の自宅だった。彼女は二〇〇二年から〇三年にかけて、ヘルス店Mで愛美佳の同僚として働いていた。一時はSMクラブなどでも働いていたが、三十代となった今は専業主婦をしている。

タクシーは、真新しい一戸建ての前で止まった。暖かな昼下がり、麻衣はサンダル履きで外まで迎えに出てきてくれた。ジーンズに白いシャツといったラフな服装で化粧もほとんどしておらず、落ち着いた雰囲気だ。

家のリビングは、窓から射し込む陽光で明るい。リビングに置かれたベビーベッドでは、生後数カ月の乳飲み子が寝息を立てて眠っている。

「さっき寝てくれたばっかりなんです。もし話の最中に起きちゃったら、すみません」

部屋の空気に、お乳の香りがうっすらと混じっている。

麻衣は私をテーブルの椅子にすわらせると、正面のキッチンで冷たいお茶を入れてくれた。かわいらしいマグカップが並べられている。彼女はキッチンで手を動かしながら、語りはじめた。

「愛美佳と知り合ったのは、理玖君がまだゼロ歳の時だったかな。もとは知り合いに齋藤君と愛美佳を紹介されたんですよ。ちょうど私も初めての赤ちゃんを産んだばかりで、愛美佳もこっちに引っ越してきたばかりで友達がいなかった。それでママ友みたいになって、よく買い物とかに一緒に行ったんです」

　愛美佳は高校生で家出をしてそのまま妊娠したため、車の免許を持っていなかった。そのため、離れたところに遊びに出かける際には、麻衣に頼んで乗せてもらっていたそうだ。

「愛美佳は、二十歳だったたっけなぁ。パッと見は、ヤンキーって感じ。背は百六十センチぐらいでやせ型かな。竜や犬の刺繍《ししゅう》が入ったジャージを着てることが多くて、いつもキティちゃんの健康サンダルを履いてた。あとは、一時流行《はや》ったプラダのナイロン製リュックってあったじゃないですか、あれを背負《しょ》ってましたね」

　風俗で働くのなら、男好きするような女性だったのか。

「うーん。そんなことないと思いますよ。どちらかと言ったらダメな方かも。アトピーがひどくて、おでこが広い。目蓋《まぶた》が一重なのがコンプレックスだったらしくて、アイプチしてたみたいなんですが、アトピーの肌に合わなかったみたいで目がぷっくり腫《は》れちゃって困ってた。変でしょ？　なんか、そういう抜けたところがある子なんですよ」

麻衣はカップに注いだお茶を持ってきて、テーブルについた。ベビーベッドの赤ん坊はおとなしく眠っている。

私は、幸裕と愛美佳の関係について尋ねた。彼女は足を組んでから淡々と話しはじめた。

「仲は良かったですよ。愛美佳は齋藤君のことを本当に好きだったと思うし、理玖君のこともかわいがってた。よくギューってしてたし。若い子同士が好きで付き合ってそのまま結婚したんだなって感じで、ほほ笑ましいとこもあった」

――でも、最終的に愛美佳さんは風俗店に勤めるようになり、家事をしなくなって家庭を崩壊させてしまいますよね。

「あんなふうになったのは、愛美佳が風俗で働きだしてからです。それまでも二人の間にはケンカはありましたよ。そろいもそろってだらしなかった。でも、なんとかやってた。だから……だから、私があの家庭を壊したんじゃないかって責任を感じてるんです。私が理玖君をあんなふうにさせちゃったって……」

どういうことか。

「本当のことを言うと、最初に風俗の仕事を持ちかけたのが、私だったんです……。なんで、事件を知ってからずっと後悔してるんです」

そう言って、彼女は愛美佳とのことを語りはじめた。

麻衣が愛美佳と仲良くなったのは、同じ小さな子供を抱える新米ママとして助け合いたい気持ちもあったからだったという。麻衣の方が三歳ほど上だったが、気楽に何でも言いあえる関係だったそうだ。

二人でよく出かけたのは、市内のレストランやショッピングセンターだった。愛美佳は、モールの中の店を一日中フラフラ回るのが好きなのだと言っていた。特に何を買うわけでもなく、商品を見て楽しむのだ。

外出の際、愛美佳はいつも理玖君を抱っこするか、バギーに乗せるかしてつれていた。が、麻衣の目には、愛美佳の子育てがうまくいっているようには見えなかった。彼女は、口では理玖君をかわいいと言いつつ、自分のことを優先するあまり、育児が疎《おろそ》かになっていたのだ。

たとえばレストランで食事をしている時、麻衣は意識的に自分の子供にご飯をたべさせる、食器の使い方を教えるといったことをしていたが、愛美佳は話に夢中になると十分でも二十分でも理玖君をほったらかしにしていた。理玖君が汚れた床を這《は》いずり回っても、見向きもしない。

愛美佳にしてみれば些細《ささい》なことかもしれないが、こうした小さなことが澱《おり》のようにたまっていったのだろう、理玖君は成長とともに未発達なところが目立つようになった。裁判でも明らかになった言葉の遅れの他に、犬のように食器に口をつけて食べるとか、コップの持ち方がわからずに落としてしまうとかいった様子が見られたそうだ。

愛美佳はそんな理玖君を叱《しか》りこそすれ、手取り足取り教えてやろうとはしなかった。麻衣は、そんな親子関係を見るたびに、「こんなんでやっていけるのかな」と不安を感じた。

風俗店でのアルバイトの話が出たのは、二〇〇二年の暮れだった。麻衣が何かの雑談の折に、ふとこう漏らした。

「なんだか最近ヒマだから、風俗で働こっかな」

大した意味があったわけではなく、話題もすぐに変わった。

だが、愛美佳は少し前から家事への興味を失い、幸裕とケンカばかりしていたこともあって、その言葉が心に残ったのかもしれない。何週間かして、愛美佳が急に言ってきた。

「ねえ、風俗で働きたいって言ってたじゃん？　あれからちょっと調べたの。そしたら本厚木駅前にMってヘルス店がオープンするみたいで、新規でスタッフを募集してるんだって」

　高収入アルバイトの求人サイトか何かで調べたらしい。彼女はすでに店に面接へ行ったのだと言って、こうつづけた。

「お店に行って店長と話してみたんだけど、研修（店長が実地で性サービスを教えること）もないから楽だし、安心だよ。一緒に働こうよ」

「子供はどうすんの？」

「お店から託児所を紹介してもらえるんだって。そこにあずければいいじゃん」

　すぐにでも働く気でいるようだった。もう、止めたところで聞かないだろう。

　麻衣は、他のバイトではなく、なぜ風俗なのかと尋ねた。愛美佳の答えはこうだった。

「あたし、借金あるんだ。ゆっち（幸裕）の。だから風俗で働いて手っ取り早く返しちゃいたいの。ねえ、働こうよ」

　麻衣はそれを信じ、自分から言い出したこともあってMで働くことにした。

　本厚木駅から数分の雑居ビルの中にMはあった。店内は七つのブースで仕切られ、一つずつにベッドが置いてあった。風俗嬢が男性客を共同のシャワー室へつれていって体を洗った後、ブースにもどって口や手をつかって、あるいは男の上になって性器と性器をこすりつける「素股《すまた》」で客を射精に導くのだ。〝本番〟は厳禁。わずか四名の女性スタッフでオープンした。

麻衣は、子供が小さいこともあって、午後の二時か三時には仕事を切り上げることにしていた。だが、愛美佳は託児所Nに理玖君を預けっぱなしにして、連日、深夜零時の閉店まで働いた。店側にとってそんな愛美佳は重宝だったろう。愛美佳も期待を感じ取り、職場ではつらつと楽しそうにふるまっていた。

ある日、麻衣が風俗の仕事をどう思うか尋ねてみると、愛美佳は答えた。

「あたし、ゆっち以外の男としたことがなかったの。だから、こうやっていろんな男の人と出会えて嬉《うれ》しい！」

彼女は風俗での仕事を通して、大勢の男性に求められることに喜びを感じていたのかもしれない。

愛美佳から頻繁に幸裕の暴力について相談を受けるようになったのは、しばらく経ってからだった。愛美佳はたびたび家で殴られたとか、蹴《け》られたと言って、時には体に残る生々しいアザを見せてくることもあった。風俗で働いていることがバレて仲が悪化したという時期と重なる。

麻衣は愛美佳の話だけを聞いていたことから彼女の肩を持ち、家にかくまって仲裁に入ったこともあった。二人は、いったん仲直りするのだが、アパートに帰ればまたケンカになって同じことをくり返す。麻衣もほとほと呆《あき》れて離婚を勧め、愛美佳と一緒に市役所へ行って離婚届をもらってきたこともあった。だが、その話もいつの間にかウヤムヤになった。

こんな麻衣と愛美佳との関係が途切れたのは、突然だった。二〇〇三年の春、いきなり愛美佳の方から音信不通になったのだ。それまでさんざん相談に乗り、かばってあげていたのに、理由も言わずに電話が通じなくなったのである。何が起きたのかわからなかったが、自分を避けている相手の家に、押しかけていってたしかめるのも気が進まず、そのまま連絡を取らなくなったという。

そこまで話をすると、麻衣はお茶を一口飲んで言った。

「私たちの関係が切れたのは、愛美佳に対するあきらめ感みたいなのがあったのが大きかったかな。正直、もうついていくのムリって感じだったもん……。彼女って風俗の他にも、コンビニでバイトしてたじゃないですか。あの時、彼女から、『毎朝のバイトに行く時に、理玖が離れたくないって言って泣くの』って聞いたけど、それってモロ愛美佳の勝手じゃないですか。それで私は、『ダメだよ、そんなの。理玖君がかわいそうじゃん。バイト辞めな！』って怒ったんだけど、ぜんぜん辞めないし、理玖君だって相変わらず放ったらかしだし。もう、この子に何言ってもダメだなっていうふうに思って諦《あきら》めモードになったんです」

窓の外を見ると、隣家の庭にキンモクセイが橙色《だいだいいろ》の花を咲かせていた。麻衣はマグカップを両手でつつむように持ち、ため息交じりにつづけた。

「私、愛美佳と齋藤君は子供を産んじゃいけない夫婦だったって思ってるんです。あの二人はハア？って思うぐらい未熟で、傍で見ていても、『本当にご飯つくって食べさせてあげられるの？』とか『オムツ取り換えてあげられるの？』っていうレベルなんですよ。齋藤君とかボーッとしてるだけで何にも考えてないし、愛美佳は初めはがんばろうとして途中でダメになっちゃった。普通だったらそれでも親としての最低の責任感みたいなのがあって、実家とか行政に相談して子供だけは何とかしようとするじゃないですか。でも、あの二人は子供がクワガタの飼育をやめるみたいに投げ出しちゃったんです」

二人を知る人たちは口を揃《そろ》えて、「未熟」「幼稚」という。今回の事件は、小学生が虫カゴで虫を飼いはじめたものの、途中で興味を失って見向きもしなくなっているうちに放置したのと同じことなのか。

「あの二人って、パッと見てわかる大きな異常があるってわけじゃないんです。ワルとかっていう感じだってない。愛美佳だってお嬢だし、齋藤君だってちゃんと仕事してたわけじゃないですか。でも、考え方とか、常識とか、愛情のかけ方とか、全部が全部ちょっとずつズレてるんです。そのちょっとのズレがあり過ぎるんです。だから、パッと見は普通っぽいカップルなのに、とんでもないことをしでかしちゃう。今回の事件って、そうやって起きたんじゃないかな」

部屋の隅のベビーベッドで寝ていた赤ん坊が動き出したかと思うと、小さな声で泣きはじめた。麻衣はキッチンに置いてあった哺乳瓶《ほにゅうびん》を手に取って歩み寄り、赤ん坊を抱き上げた。「よし、よし、起きたんだねー」と言いながら哺乳瓶の先を唇にあてがう。赤ん坊はおとなしく泣きやんで、ミルクを飲みはじめた。部屋にミルクのにおいが漂う。

麻衣は、赤ん坊を抱いたまま言った。

「愛美佳も齋藤君もあんなんだから、私にしても、やっぱりね、ってところもあるんです。普通だったら周りの人が気づいて止めてくれるけど、今回の事件は、そういう人がいなかったんでしょうね」

託児所Nは、ネグレクトを察知できなかったのか。

「Nはヤバイですよー。私もいっぺん行ったんですけど、ひっどいとこで、アパートの一室を借りてるだけ。たぶん、無認可。そこの床に、風俗嬢の子ばっか三十人ぐらいがぎゅうぎゅうに横たえられて放っておかれてるんです。私、あれを一目見ただけで絶対ありえないって思って、すぐ帰りましたからね。あんな託児所にあずける親もぶっ壊れてるけど、職員だってありえないおかしさです」

いったん闇《やみ》の世界に足を踏み入れれば、周りの環境は奈落《ならく》に落ちるごとくどんどん悪くなっていき、本人の感覚も麻痺《まひ》していく。愛美佳はまさに、そういう状態に陥っていたのかもしれない。

私はポケットからミントの飴を取り出して口に入れた。窓の外の晴れわたった空には、飛行機雲がくっきりと浮かび上がっている。

彼女が月にいくらぐらい稼いでいたか、私は訊《き》いてみた。

「Mでは一本（客一人）五千円がバック。お茶をひいても（客がつかなくても）、時給千二百円ぐらいあったと思う。愛美佳ぐらい働けば、日に二、三万はいってたはず」

Mの給料だけで月に四、五十万円。これにコンビニでのバイトを加えれば、十万円近くそれに加算されるだろう。裁判で判明した幸裕の借金は数十万円で、仮に肩がわりしたとしても一、二カ月で返すことができる。

「生活は大丈夫だったと思いますよ。あの子、金づかいが荒いとかもぜんぜんなかったかなー。服はいつも同じ感じだったし、車がないから外でだって遊べないでしょ。お酒とかもあんまり飲んでなかったし。それに、あんだけ長い時間働いてたら、遊ぶ暇なんてあるわけないじゃないですか。だから、私もあの子がなんであんなに働いてたのかわかんないんです」

私は天を仰いだ。いくら仕事が楽しいからといって、睡眠時間はほとんどなく、体力的にも相当きつかったはずだ。そこまでして働いたのには、何か別の理由があったのか。

麻衣は、ミルクを飲み干した赤ん坊にゲップをさせるため、背中を起こして軽く叩《たた》きはじめた。赤ん坊は彼女の肩に頭を乗せて、気持ちよさそうに揺すられている。

「そういえば私、彼女と切れる直前ぐらいに、『もう風俗を辞めて理玖君をつれて箱根の実家に帰りな』って忠告してるんですよ。だって齋藤君はあてにならないし、愛美佳もあんな生活して家をムチャクチャにしてたでしょ。このままじゃ、理玖君がヤバイって思ったんです。だけどぜんぜんダメ。愛美佳は『お母さんとは仲悪いし、妹は受験中だしムリ』とか言い訳して、聞こうともしなかった。今になって思えば、あの時強引にでも実家に帰らせてれば、理玖君は死なずにすんだと思うんですけど……」

麻衣は、赤ん坊の背を叩きつつ目を落とした。

口の中のミントの飴が冷たい。私は最後に、愛美佳が家出をした理由を知っているかと尋ねた。

「わかんないなー。私とはその前に切れてるもん。でも、だから思うんですよ。なんであんな簡単に理玖君を棄てたのかなって」

いつの間にか、赤ん坊が肩に顎《あご》を乗せたまま目を閉じて寝息を立てていた。ゆさぶられているうちにまた眠りに落ちてしまったのだ。

窓から射《さ》し込む日が、透きとおりそうなほど白い肌を照らしている。私は麻衣が赤ん坊を抱く姿を見ながら、同じ環境で働いていたのに、麻衣と愛美佳は何がどうちがったのかと考えずにはいられなかった。

風俗嬢として

本厚木の風俗店がひしめく通りは、ネオンのけばけばしさとは裏腹に、陽が沈んだ途端に不気味なほど静まり返る。

日中はスーツ姿の人々が駅への近道として普通に通っていたのだが、夜になっていかがわしい空気に包まれると、一般の人は寄りつかなくなる。たまに人影が見えても、すぐに目当ての店へと吸い込まれる。荒《すさ》んだ夜気の中に、店から漏れてくる、妙にリズムのいい音楽だけが小さく響いている。

そんな街の一角に建つビルの中に、ピンサロHはあった。汚らしい狭いエレベーターを降りると、正面に店の受付があって、黒服の四十代ぐらいの男が迎えてくれる。午後八時半、私はこの店の奥にある二畳ほどの狭い待機室で、オーナーの鈴木克也《かつや》(仮名)と向かい合った。二〇一五年十一月のことである。

鈴木は、かつて愛美佳が働いていたヘルスMの店長だった人物だ。私は、彼が数年前にMをピンサロHに衣替えして経営にかかわっているのを突き止め、取材を申し込んだのだ。ダメモトで店のスタッフに事情を説明し名刺を置いていったところ、すぐに鈴木本人から電話があって受けてもらえることになった。

待機室は、店内とカーテン一枚で仕切られているだけだ。カーテンの向こうでは、天井のミラーボールが回転し、スピーカーから流れる重低音のダンスミュージックが空気を震わせている。二列に並べられたソファーは全部で八つ。そこに男女が腰かけ、裸同然で互いの体をまさぐり合っている。淫靡《いんび》な声や音は、カーテンを通して待機室にまで聞こえてくる。

鈴木はモデルのような風貌《ふうぼう》で背が高く、Vネックの黒いシャツにジャケットを羽織っていた。年齢は四十歳前後か。彼はスタッフに缶コーヒーを持ってこさせると、ジャケットを脱いで煙草《たばこ》に火をつけてから口を開いた。

「事件の報道じゃ、あいつ（愛美佳）の名前は出てきてないよね。でも、俺、ずっとあいつを家まで送り届けてたから、ニュースでアパートが映ったのを見て、あ、あいつがやったんだ、ってすぐわかったんだよ」

幸裕と同じように、「あいつ」と呼んでいるのが気になった。鈴木は煙草の煙を吐きながらつづける。

「おたくが調べたように、二〇〇二年にMを開店したのは事実だよ。あいつはそん時のオープニングスタッフ。あん時は、ここらへんすげえ風俗が多くて競争が激しかったから、毎日がハードだったよ。そんなかで、あいつは朝から晩まで店につめてくれてたから、助かったと言えば助かった」

彼は険しい表情のまま、一呼吸置いた。

「けど、最低だったなー。俺、長い間風俗で働いてっけど、あんな嫌な女なかなかいねえよ。普段は名前とかあんまり覚えねえんだよ。でも、あいつに関してはインパクトがあり過ぎて忘れられねえ」

二十代の頃から風俗店で働いている彼にそこまで言わせるのは、よほどのことなのだろう。私は、どんなタイプなのかと尋ねる。

「女の一番嫌な部分を剝《む》き出しにするつったらいいのかな。そういうところを誰にでも向けてくる。そんな奴《やつ》だよ」

鈴木の印象でも、愛美佳は決して男好きのする女性ではなかったそうだ。のっぺりとした顔で、アトピーの症状が首や腕に出ていて、細身の体が貧相だった。風俗嬢として、肉感的な魅力とは程遠かったという。

ただ、愛美佳は他の女性と比べて仕事には熱心でサービス精神も旺盛《おうせい》だったため、見かけほど客受けは悪くなかった。二十一歳という若さもあったのかもしれない。それに、わずか四人のオープニングスタッフの中で開店から閉店まで毎日働いていたのは彼女だけだったこともあり、ついた客の数だけでいえば自《おの》ずとナンバーワンになっていた。

鈴木は、店で毎日フルに働いてくれる愛美佳を大切にして、積極的にフリーの客をつけていた。愛美佳の方も、人生で初めて人に必要とされているという実感を持ち、ナンバーワンとして店を背負っているというプライドも抱いたようだ。よく、他の子を気づかってお菓子やジュースを配ることがあり、鈴木が忙しく受付を離れられないでいると黙ってお弁当を買ってきてくれた。客がこない退屈な日は、みんなの盛り上げ役になって笑い話もした。

毎晩店を閉じてから、鈴木は愛美佳を車で自宅アパートまで送っていた。その際、かならず駅近くのマンション二階の託児所Nに寄り、理玖君を引き取ることになっていた。愛美佳がNから抱きかかえて車に乗る時、理玖君は眠っているか、起こされて泣きじゃくっているかしていた。

愛美佳は鈴木に心を開いていたらしく、店で二人きりになった時や、送りの車の中でプライベートに関する話をよくしてきた。鈴木が覚えているのは、自分が箱根の温泉旅館を経営する一族の出であるとか、名門女子校に通っていただとかを自慢げに話す姿だった。

夫の幸裕について聞かされたこともあった。ある日、いきなり幸裕の写真を見せられ、「これ、うちの旦那《だんな》だから、もし店に来ても絶対にあたしにつけないで」と言われたのだ。風俗で働いていることがバレて、ケンカをしていた時のことかもしれない。写真で見るかぎり、二十代前半の幸裕は端正な顔立ちをしていたという。

ある時、愛美佳が顔に青アザをつくって店にやってきたことがあった。鈴木がびっくりして理由を尋ねたところ、夫からDVを受けたという。それ以来、何かにつけて幸裕に殴られたと相談されるようになって、「離婚したいんですけど、どうすればいいんですか」などと言われたこともあったらしい。

そこまで話すと、鈴木は煙草を消し、またすぐに新しい煙草に火をつけた。狭い待機室に煙がこもる。床や壁がところどころ剝《は》がれている。

「初めのうちはあいつ、本性を隠してたんだよ。俺もいい子だって勘違いしてた。化けの皮が剝がれたのは、店が軌道に乗って、新しい女の子がどんどん入ってきてから。店は客の回転が良くなったんで、新しい子がどんどん入ってきた。もともと女としてのレベルは高くねえから、新人でいい子が入るとソッコーで抜かれちゃうわけ。ランキングとかも一気抜き。それがムカついたんだろうな、他の子に嫉妬《しっと》するだけじゃなく、嫌がらせをはじめたんだよ。自分がナンバーワンとして店を引っぱってきたって自信があったから、よけいひどかった」

嫌がらせとはどのようなものだったのか。

「何でもだよ、マジ何でも。女がやる汚ねえ嫌がらせ全部。たとえばHって女のバッグから物を盗《と》るでしょ。それがバレそうになったら、『犯人はWだ』とか堂々と嘘を言いふらす。俺のところに、『あの子が客と本番してるのを見た』とか『あの子は店の外で客と会ってる』とか、ありもしねえことをチクってもきた。相手を蹴落とそうとしたんだよな。最悪だろ」

店に在籍していた女性はみな、被害にあったという。

「一番ひどかったのは、あいつを抜いてナンバーワンになったカヨって子。あいつ、カヨが入店したばかりの頃は先輩面《づら》してやさしくしてたのに、抜かれた途端に態度を変えていろいろやってきた。携帯を勝手にのぞかれて、メールの中身までチェックされてたからな。そうそう、俺とカヨができてるなんて言い触らされもしたっけ。嫉妬の塊みたいな女だよ」

カーテンのすぐ向こうのソファーにすわる男女が行為をはじめたらしく、舌をすり合う音が聞こえてきた。二メートルぐらいしか離れていない。鈴木は煙草の煙を吐き、客の耳を気にすることなく話をつづけた。

「店の子はみんな、あいつのヤバさに気がついてたよ。やり方がヘタでバカだから、みんな簡単に見抜くんだ。それで完全に総スカン。誰も口をきこうとしなかった。俺からも、あいつは危ねえから関わるなって注意してたからね」

なぜ、クビにしなかったのか。

「今考えれば、情だよね。オープンの一番苦しかった時に助けてもらったっていう借りがあった。あと、赤ちゃんを夜中まで託児所にあずけてまで働かなきゃいけない事情があんだとか思ってた。でも、完全にそれがアダになったね。あいつをもっとつけ上がらせちまって、店までヤバくなってきたんだ」

愛美佳はいっそう、虚言を弄《ろう》するようになったという。

「Mは個室で一対一になるだろ。あいつ、シャワーを終えて客と個室で二人きりになると、二、三分して壁をドンドンぶっ叩いて『客に本番やられた！』って大声で騒ぎだすんだよ。俺にしたら、その言葉を信じてルール違反をした客を追い出すしかないだろ。でも、その騒ぎのほとんどがあいつの嘘なんだよ。個室に入ってすぐに本番されたっつって追い出せば、何にもしねえで金だけもらえるじゃん。あいつ、そうやって楽して稼ごうとしたんだよ。一、二度ならまだしも、何度も同じことやられて噂《うわさ》になったせいで、Uっていう風俗雑誌に『厚木のトラブルのあるヤバイ店』って書かれちまったんだ」

鈴木は煙の中で当時を思い出し、不快そうに言った。

「マジ、どうしようもねえ奴だよ。俺もさすがに限界にきて、フリーの客をつけるのをやめたんだ。さすがに嫌われたことに気づくよね。それであいつは、辞めることを決めたんだ」

カーテンの向こうでは、女が男の性器をしゃぶりはじめたらしく、淫《みだ》らな唾液《だえき》の音と喘《あえ》ぎ声が聞こえてくる。

鈴木は貧乏ゆすりをはじめた。愛美佳はどうやって店を辞めたのか、と私は尋ねた。

「バックレだよ、バックレ。ホントいきなり。まぁ、俺もホッとしてそのままクビにしたけど」

――いつ頃ですか。

「どうだろ。あいつがうちにいたのは一年半から二年ぐらい？ なんで、それぐらいで計算してみてよ」

二〇〇二年暮れのオープンから働きだして二年弱在籍したとすれば、二〇〇四年十月に厚木のアパートに幸裕と理玖君を置いて失踪《しっそう》した時期と重なりそうだ。

おそらく愛美佳はMでの仕事に夢中になるあまり、家庭をまったく顧みなくなったのだろう。家庭がどんどん荒み、夫婦関係が修復不能になっても、彼女はナンバーワン風俗嬢であった自信から一人でやっていけると思ったのかもしれない。だが、自らの愚行から、店での居場所を完全に失った。そこで追いつめられた彼女が選んだのが、「失踪」という形で何もかも捨てて厚木を去ることだったのではないか。

ここで一つ疑問が残る。愛美佳はその後、どこへ行ったのか。私は公判で彼女が語った、「西新宿で自殺を図ろうとした同僚」の存在を尋ねた。鈴木は煙草の煙にむせて失笑した。

「そんな子いるわけねえじゃん。新宿には死ぬほど風俗あんのに、なんで西新宿から一時間もかけて本厚木のヘルスで働かなきゃいけねえんだよ。うちで働いてるのは、この近辺の子ばっかだよ」

――でも、公判で愛美佳さんはそう証言していました。

「嘘、絶対に嘘。あいつ、何もかも嘘だから。どうせ男のところに遊びに行ってたんじゃねえの。でも、そんなこと裁判で言ったら何やってんだってことになる。だから、西新宿の友達んとこに行ってたなんて嘘ついたんでしょ」

家庭と店とにいられなくなった愛美佳が、外に男をつくっていた可能性は高い。思い当たるのは、幸裕が見たという、携帯メールで性的な内容のやりとりをしていた相手である。もし男の元へ行ったのだとしたら、理玖君をアパートに置き去りにしたことも得心がいく。あの日、彼女はあらゆるものを捨て、新しい男と一から人生をやり直そうとしたのではないか。

鈴木は煙草を消した。頭に血が上ったのか、額には汗が浮かんでいる。彼はまた一本、煙草を取り出して言った。

「一つ思い出した。あいつ、バックレて何カ月かした後、いきなり店にやってきてトラブル起こしたんだ。あの日、俺は別のスタッフに店を任せて、何かの用事で外にいたんだよ。そしたらスタッフから電話がかかってきて、『愛美佳が友達つれて店にやってきて騒いでますけど、どうしたらいいっすか』って言われた。あいつ、店に復讐《ふくしゅう》するつもりだったんだろうね。わざわざ俺がいねえのを見計らって何人も友達をつれてきて、自分がこの店でどれだけ貢献して稼いでいたかとか自慢してたみたい。クソだよな。俺が駆けつけた時には逃げていなくなってた」

店内に男性スタッフの声でアナウンスが流れ、客にサービス終了の時間が来たことを知らせている。しばらくしてカーテンの向こうの男女が服を着て立ち上がり、店の出入り口へと歩いていく音がする。別のソファーでは、相変わらず男女が絡《から》み合う淫らな音がしている。

鈴木は缶コーヒーを一口飲み、何本目かの煙草に火をつけた。

「今回の事件がニュースになった時、理玖ちゃんの顔写真が出たよね。俺、Mのオープンから二年近く毎日、理玖ちゃんをアパートまで送ってたから、あの顔をすっげえ覚えてるんだよ。マルコメくんって感じの、マジかわいい子だった」

煙草の煙で室内が曇る。

「俺、離婚してっけど、子供いるんだ。だから、あれぐらいの年齢の子がどんだけ親を必要として懐《なつ》くかわかる。だって、子供にとっては親しかいねえわけじゃん。それを、あんなふうに死なせるなんて……」

——愛美佳さんにも責任がある、と？

「旦那も最低のクズ野郎だよ。人間じゃねえ。でも、最初に捨てたのはあの女の方だろ。男が働きながら一人で育てるなんて、できるわけねえじゃん。あいつはそれをわかっててバックレたのに、何で何の罪にも問われねえで、町でチャラチャラしてられんだよ。裁判とか、警察とかクソだね」

鈴木は、言い足りないとでもいうようにつづけた。

「あいつの性格知ってる人間なら、みんなそう思うよ。断言できっけど、あいつ、絶対この事件について何とも思ってねえよ。どうせなら、あいつが家出じゃなく自殺すりゃよかったんだ。そうすれば、子供は助かったかもしれねえのに」

鈴木の額に浮かんだ汗が、頬を伝って滴《したた》り落ちた。きっと鈴木は、彼女に対する怒りを誰かに打ち明けたくて私の取材に応じてくれたのだろう。

カーテンの向こうのソファーに、また新たな客が店員に案内されて腰を下ろした。

店内にアナウンスが響き、しばらくして女の子がサンダルを引きずるような音を立ててやってきて、鼻にかかったような声で「こんにちはー」と言う。鈴木は足を組んだまま、苦々しい顔でしきりに煙草の煙を吐いていた。

箱根の老舗《しにせ》旅館

十一月の半ば、箱根は紅葉につつまれて燃えるような色に染まっていた。連なる山々の上を、野鳥の群れがゆっくりと飛んでいく。一羽が鳴くともう一羽が応じるように鳴き、そうした声が重なってあたりに響くのだ。

この日、私は箱根の森の中にある一軒の旅館に泊まっていた。愛美佳の一族が経営する、地元でも名の知れた老舗旅館である。ここは特に、露天風呂《ぶろ》の豪華さで知られている。

深夜になって誰もいない露天風呂に入ってみると、壁や格《ごう》天井には立派な寄木細工が施されていた。硫黄の香りのする湯船からは、外輪山の山影が浮かび上がる夜景を一望することができる。私は白濁した湯につかり、湯気につつまれながら、この雄大な光景の中で愛美佳はどんなふうに育ったのかと思わずにいられなかった。

宿泊した翌朝、私はタクシーに乗り、旅館から数分のところにある彼女の実家へと向かった。その生い立ちを調べるつもりだったのだ。タクシーはしばらく坂を上ってわき道にそれたかと思うと、森に囲まれた細い一本道を進みはじめた。旅館が建ち並ぶ風情《ふぜい》のある通りとは異なり、枯れ木ばかりの林に古びた別荘や民家がところどころ建っているだけだ。壁がはがれた廃屋も見える。

住所をたどっていくと、山奥の行き止まりの細い路地に至る。周囲には数えるほどしか民家がなく、一軒ずつ表札を調べていく。突き当たりの少し手前に、愛美佳の実家を見つけた。錆《さ》びた鉄の門から、石段を十五メートルほど上っていったところに建つ二階建ての家だ。

外から見るかぎり、立派な一軒家だったが、隔絶された林にひっそりとたたずんでいて物寂しい。こんなところでは、学校から帰ってきても、家族と過ごすか一人でゲームをするぐらいしかやることはないだろう。家族との関係が悪ければ、ひたすら息苦しいだけの生活がつづきそうだ。

門の呼び鈴を押してみたが、鳴る様子はなかった。石段を上ってドアを叩いてみても、応答する声はない。庭に回って窓から中をのぞいてみた。驚いたことに、暗い室内からは一切の家具がなくなっていた。空き家になっているのだ。

やむをえず私は、箱根一帯に点在する親族の家々を回って、一家がどこへいったのか尋ねてみた。親戚《しんせき》の一人である川本優子（仮名）と出会ったのは、そこでだった。親族との関係を考慮して、年齢などの詳細は伏せることにする。

優子は近所の目を気にして、自宅の玄関に私を招き入れた。そして、愛美佳の実家が空き家になった経緯を教えてくれた。

「あの家は、たしかに愛美佳の実家です。三人の姉妹は独立して家を出ていたので、愛美佳の母である美枝さん（仮名）一人が旅館で働きながらあの家で暮らしてました。けど、例の事件が発覚したことで、美枝さんは旅館の仕事を辞め家を出て、実家へ帰ってしまったんです」

今回の事件は、親族にとっては青天の霹靂《へきれき》だったのか。そのことを尋ねると、優子は首を傾《かし》げた。

「この家で大きな問題が起こるのは、時間の問題だって思ってました。今回の事件みたいな形かは別にしても、一族は大きな火種を抱えてましたから、いつかそれが大変な事態になるのはわかりきっていたんです」

そして彼女は、「火種」の意味をこう説明した。

「川本家は、旅館を創業したおじいさんが破天荒な人で、末代まで残る傷をつくったんです。一族は今に至るまでそれを引きずっていて、その一番の犠牲者が愛美佳でした。そういう意味では、今回の事件は、一族がかかえていた問題と無関係じゃないって感じています」

愛美佳が犠牲者とはどういうことなのか。私ははやる気持ちを抑え、愛美佳の生い立ちから順に聞いていくことにした。

川本家が経営する旅館ができたのは、戦後しばらくしてからのことだった。箱根は古くから温泉地として知られてはいたが、戦中から戦後間もなくは病人や傷痍《しょうい》軍人が療養を目的として集まってくることが多かった。終戦から五年して、小田急電鉄が箱根登山鉄道への乗り入れを開始し、再び温泉地として人気が出はじめた頃、先陣を切って一般客向けの温泉旅館を建てて成功したのが、愛美佳の祖父だった。

祖父は、箱根旅行がブームになったことでまたたく間に財を築き、地元では広く知られる存在となった。若さゆえの高慢があったのだろう、女性にめっぽうだらしなく、未婚のまま女性との間に子供を一人つくったものの籍を入れずに別れ、次に人妻と不倫して妊娠させたが、「俺の子か旦那の子かどっちかわからない」という理由で堕胎させてから彼女と入籍。その妻に二人の子供を産ませ、一方で旅館の仲居をしていた女性との間にも二人の子供をもうけた。認知した子供は五人だが、それ以外にも女性関係は派手だったようだ。

この祖父が六十代前半で没したことで、旅館には跡目問題が発生した。ここでも一悶着《ひともんちゃく》あったが、後継者に決まったのが、東京の企業で働いていた本妻の長男だった。彼は箱根に呼びもどされ、二十代半ばという若さで社長に就任。本妻の次男も、兄とともに旅館で働くことになった。そして、この次男が箱根のレストランの娘である美枝と結婚し、生まれた三人姉妹の次女が、愛美佳なのである。

社長となった長男は、経営者として辣腕《らつわん》をふるい旅館をさらに大きくしたが、次男の方は家庭を顧みないだらしない行いが目立った。時間があれば趣味のゴルフに明け暮れ、少し金を持たせれば車の購入や改造につかってしまう。一時期は、高級スポーツカーである白のシボレー・コルベットを所有していたというから、けっこうな浪費家だったと思われる。

また、次男は祖父さながらに女癖が悪く、家庭そっちのけで愛人との遊びに溺《おぼ》れていた。妻の美枝がそれを知って、大喧嘩《おおげんか》になることもたびたびだったというが、女遊びがやむことはなかった。美枝はそうした鬱憤《うっぷん》を晴らそうとしたのか、三人姉妹に徹底したスパルタ教育を施すようになる。姉妹全員に小学校受験をさせて地元の名門お嬢様学校へ通わせ、優秀な成績を取るよう命じて日夜勉強を強いたのだ。

三人姉妹のうち長女は素質があって成績も良く、母親からかわいがられていた。だが、次女の愛美佳はちがった。もともと机に向かうのが得意ではなかったのか、いくら勉強しても成績は伸びず、母親に頭ごなしに罵倒《ばとう》されているうちにますますやる気がなくなっていった。成績は低迷し、また母親から叱られ、よけいに嫌いになっていくという悪循環に陥る。

彼女は成長するにつれ、勉強の遅れだけでなく、手癖の悪さや虚言癖までもが頭をもたげるようになった。人の家に行って、棚の引き出しから貴金属を盗む、冷蔵庫からは甘いものを勝手に取り出して食べる、そのくせ見つかって注意されても「私じゃない」と堂々と嘘《うそ》を言ってのけるというありさまだった。家の中での疎外感《そがいかん》が、そうした行動を生んだのだろうか。親戚は、そうした愛美佳を白い目で見るようになっていった。

小学校の高学年に上がる頃には、学校でも愛美佳の不品行は広く知れ渡っていた。成績の低迷だけでなく、学校内外で問題行動を起こしたことで、担任の教師は美枝を何度も学校に呼び出して面談を行った。名門お嬢様学校だったこともあって、その指導は一般の学校よりはるかに厳しかった。

美枝は顔に泥を塗られたことで愛美佳を激しく罵《ののし》り、それまで以上に厳しく接した。

家では母親から高圧的な指導を受け、父は外に女をつくって頼りにならず、学校では規則でがんじがらめにされて勉強にもついていけない。そんな愛美佳は、まさに八方塞《ふさ》がりの状態だった。

森の奥の一軒家での暮らしに、逃げ場はなかった。かぎられた社会の中で悪い噂はすぐに広まり、冷たい視線が注がれた。やがて愛美佳は、中学の時にお嬢様学校を中退し、公立の学校へ通うことになった。

浮気性の父親が家から〝蒸発〟したのは、そんな頃だった。父親は女遊びや浪費をくり返しながらも、いつか周囲を見返したいという思いを抱いていたようだ。一時期、水の販売事業に挑戦したものの大失敗し、兄に泣きついて尻拭《しりぬぐ》いをしてもらう羽目になった。こうしたことで、自分のふがいなさに絶望したらしく、ある日、唐突に「自らをリストラする」という捨て台詞《ぜりふ》をしたためた辞表を置いて、交際していた愛人とともに箱根から姿を消してしまったのだ。美枝に残されたのは、小学生から高校生までの三人の娘と、約六百万円の住宅ローンだった。

美枝からすれば、夫への怒りより、この先どう生活していくかという悩みの方が大きかったろう。娘三人は、これからがもっともお金がかかる時期だ。彼女は義兄に頭を下げて事情を話し、失踪した夫の代わりに旅館で働かせてほしいと頼み込んだ。義兄も、義妹や姪《めい》たちを見捨てることはできず、旅館で雇うことにする。

旅館での仕事は毎日早朝から深夜に及び、明け方に呼び出されることも珍しくなかった。美枝は他の従業員より余計に給料をもらっていたことから、自分ががんばらなければと責任を感じていたようで、家庭を投げ出して仕事に打ち込んだ。娘たちの食事はコンビニで買ったものか、実家のレストランの残りものばかりで、顔を突き合わせてゆっくり会話をすることもなくなった。（別の人物の話では、この頃の美枝は従業員の一人と不倫関係にあったという）

こうした家庭環境の変化は、孤立していた愛美佳の心の傷をさらに深くしたにちがいない。高校へ進学してからは、家に寄りつかなくなり、小田原の繁華街で同世代の不良たちと夜遅くまでつるむようになった。その時期に彼女が、一度「薬物の大量摂取」で倒れ病院に運ばれている事実を考えれば、かなり荒れた生活を送っていたのだろう。

そうしたなかで、愛美佳は幸裕と出会う。当時の幸裕は、改造したメタリックブルーの車に乗っている社会人だ。三歳年上の幸裕に大人の魅力のようなものを感じた彼女が、幸裕のアパートに入り浸るようになるのは自然の流れだった。そして彼女は、箱根の家で母親とケンカしたことをきっかけに、アパートに転がり込み、そのまま高校を中退したのである。

「親戚の私が言うのも何ですけど、川本家の因果が愛美佳を生んだようなものです。おじいさんがつくった複雑な血縁関係、お父さんである次男の女癖の悪さ、美枝さんのあまりに厳しい養育、そして家庭崩壊。それが、愛美佳をあんなふうな人間にしたんじゃないかな。そういう意味では、愛美佳もかわいそうな子でした。愛美佳の姉は頭が良かったから変に苦労をすることはありませんでしたし、妹の方は一時道を外れかけましたが、愛美佳の一件があったので親戚中で手を差し伸べて更生させたんです。愛美佳だけが誰からも助けてもらえずに家を出ていったことになります」

なんとなく、愛美佳の人間像を垣間見《かいまみ》た気がした。表向きは恵まれた家柄だが、父親は家庭を壊すだけ壊して消え、母親は自らの価値観を押しつけるだけで娘の心の内を考えることがなかった。箱根の森の中で愛美佳は劣等感と疎外感に苛《さいな》まれて成長し、やがては家を飛び出して幸裕と家庭を築こうとしたが失敗、風俗の世界に生きがいを見出《みいだ》したのだ。

「事件を報道で知った時、愛美佳は小さい時のまま大人になったんだなって思いました。家を出て齋藤さんと暮らしても、何も変わらなかったんでしょうね。彼女は理玖を置いて家出したみたいですけど、それって昔父親が失踪したのとまったく同じじゃないですか。自分でも気がつかないうちに父親を真似《まね》したんでしょう」

優子が奥の部屋のガラス戸を見た。テレビがつけっぱなしになっており、犬がこちらへ来ようとドアを爪《つめ》で引っかいている。

私はいささか遡《さかのぼ》って、理玖君が生まれた時に愛美佳が一カ月ほど実家にもどった時のことを尋ねた。親族のつながりがどのようなものか聞きたかった。

「美枝さんからすれば、さんざん迷惑をかけられたうえに家出されたわけですから、本音では距離を置きたかったはずです。ただ、理玖は初孫ですし、親戚の目もありますから、むげに追い払うわけにはいかない。それで一カ月という約束で実家で面倒を見たんだと思います。愛美佳はずる賢く、いつも理玖をダシにしてあれが足りない、これが必要だと言って、財産を持っていたおばあちゃんにたかってばかりいました。美枝さんも自分がたかられるのが嫌だから、『おばあちゃんに頼みなさい』ってよく言ってました。それで愛美佳はうまくおばあちゃんを言いくるめて、アパートの敷金や礼金を払ってもらったり、ベビーベッドなどの生活用品を買ってもらったりしてたんです」

実家は愛美佳にとって金をたかる先であり、厚木に移った後もたびたび現われるようになったらしい。

「私が知っているかぎりでは、愛美佳は齋藤さんと一緒に理玖をつれて突然やってくることが多かったかな。友達をつれてきたこともあります。それで彼女は親戚の家を回って、『育児で必要だからお金貸して』と頼んで回る。もちろん、返済してもらったなんて話は聞いたことありません」

私は箱根の取材をとおして、別の親族からまったく同じ話を聞いていた。いきなり愛美佳が夜中に一人でやってきて、「生活費が足りないから」と数万円を借りていったというのだ。

ただ、逆に考えれば、愛美佳は家族や親族と多少なりとももつながりを持っていたことになる。ならば、なぜ厚木のアパートから家出をする際に、理玖君を親族に託したり、相談を持ちかけたりしなかったのか。

その質問に、優子は答えた。

「それは無理ですよ。美枝さんが愛美佳のことをシャットアウトしてましたから。川本家にかかわらせないようにしていたんです。美枝さんは夫に出ていかれながらも、嫁という立場で残って旅館で働かせてもらってました。長女と三女が大学まで進学できたのは、義兄である長男がそれなりに支援をしてくれていたおかげです。だから、もし愛美佳が帰ってきてトラブルを起こして川本家に迷惑をかけるようなことがあれば、長男から『何してんだ！』と怒られて仕事をクビにされるかもしれません。美枝さんが二人の娘と家を守ろうとすれば、トラブルメーカーである愛美佳を遠ざけるしかなかった」

その姿勢は徹底していたという。

「美枝さんは異常なぐらい愛美佳のことを話題にしませんでした。たとえば、私だって親戚だから少しは気になるので、お酒の席でさりげなく『愛美佳ちゃんどうしてる？』って尋ねたりするじゃないですか。そんな時でも美枝さんは、急に真顔になって『知らないわよ！』ってむきになって言い返してくるんです」

一家にとって愛美佳は、まるで癌《がん》のような存在だったのだろう。ガラス戸の向こうで、犬がこちらにくるのを諦めて床にすわり込む姿が見えた。

――美枝さんは、愛美佳さんが理玖君を置いて失踪していたことを知っていたんでしょうか。

「それはわかりません。少なくとも私は一切、美枝さんからそのことについて聞いたことはありませんでした。まあ、愛美佳のほうから相談したということはなかったでしょうね。彼女は母親に遠ざけられているのは気づいていたはずですから。彼女の中では、親族なんて頼りにできないっていう気持ちがあったんじゃないかな」

美枝は家族を守りたい一心で、愛美佳を切り離そうとしていた。それが結果的に、理玖君を見捨てることになってしまったのだ。

もう一つ残っている不可解な点――。それは、愛美佳がなぜ風俗店だけでなく、コンビニでアルバイトをしてまで大金を稼がなければならなかったのか、ということだ。

それに言及すると、優子は首を傾げて「どうなんでしょう」とつぶやいた。

「これが理由かどうかはわからないんですけど、二〇〇二年か〇三年に、実家の前に黒いベンツがずらっと並んだことがあるんです。明らかに暴力団風の人たちでした。彼らは愛美佳を探しに来ていたみたいで、その後、旅館の方にも押しかけたって話です。原因は、愛美佳がつくった借金の取り立てみたいですね。私はそれを聞いて、愛美佳って本当に危ないことをしてる子なんだなって思いましたよ。お金と聞いて思いつくのはそれぐらいかな」

ちょうど風俗店で働く前後の話だ。もし、暴力団がベンツを連ねて実家まで来て返済を迫ったとすれば、借金は相当な額だったのではないか。

とはいえ、愛美佳があの忙しさのなかで遊んでいたとは思えないし、風俗店で同僚だった麻衣も「浪費癖はなかった」と話していた。他に考えられるとすれば、高校生の時に薬物の大量摂取で病院に運ばれたという話だ。高額な違法薬物にでも手を出していたのだろうか。

ガラス戸の向こうから、バラエティー番組の楽しそうな声が聞こえてきた。腕時計を見ると、もう正午になっている。

最後に、この事件についてどう思うか尋ねてみた。優子が急に慎重な口調になる。

「愛美佳はいろんな事情があって家を出たんだと思います。でもね、理玖のことを思えば、どんなことがあったとしても、一言でいいから私たちに教えてほしかったというのが本音です。こんな一族ですけど、あんな環境に理玖が置かれていたと知ったら、さすがにみんなでどうするか話し合ったはずです。でも、愛美佳も美枝さんも私たちに何も教えてくれなかった。そこは心残りです」

――そうなったのは、愛美佳さんと美枝さんが親族の中で孤立していたからですよね。今、二人はどうしているんですか。

「美枝さんはこの近くに住んでいて、別のところで愛美佳をかくまっているって聞いてますが、どこにいるかは誰にも教えてくれません。知っているのは、美枝さんと二人の姉妹だけじゃないでしょうか。事件のほとぼりが冷めるまで、そうやっているはずです」

――それじゃ、何も解決したことになりませんよね。

「そうですけど、私たちにはどうすることもできないんです。美枝さんはいずれ川本家から抜けるつもりなんです。美枝さんは、家出した夫とまだ籍を入れたままなんです。でも、旅館を辞めて家を去った以上、川本家とつながりを持っている必要はありませんよね。それで今度は、離婚して慰謝料を取ろうとして訴訟を起こしたんです。だから、川本家と美枝さんは決別していて、手を差し伸べることができないんです」

なぜ美枝も、これまで支えてくれた川本家と縁を切るような真似をするのか。彼女自身が孤立することになるではないか。

「ムチャクチャなんですよ、この一族は……。私、本当にあきれ返ってます」

優子は、万策尽きたというように首をふった。ガラス戸の前で犬は相変わらず背を向け、テレビからは相変わらず騒がしい声が響いていた。

優子の家を辞した後、私は再びタクシーに乗り、最後の目的地へ向かった。愛美佳の母親の実家である。少し前に取材依頼の手紙を送ってあり、直接事件についての感想を聞きたかったのだ。

実家は、山を下りて県道に入ったところに建っていた。大きな一戸建てで、その隣の敷地には平屋の古めかしいプレハブの家があった。事前に聞いたところでは、美枝は川本家と決別して以来、このプレハブに一人移り住んでいるという。

ドアの横についた呼び鈴を押すと、しばらくしてドアが開いて六十過ぎの女性が蒼《そう》白《はく》な顔をして現われた。顔には深い皺《しわ》が刻まれ、血の気がまったくなく、泣き腫《は》らしたかのように目が真っ赤に充血して潤《うる》んでいる。それなのに、猛獣から隠れる小動物のように顔だけが妙にこわばっていた。

私は彼女に、美枝さんですか、と尋ねた。彼女があからさまに戸惑いを見せる。私は名刺を差し出して、ここへ来たいきさつを説明した。美枝は最後まで聞こうとせずに声を荒らげた。

「あの子のことは知りません！　ここにはいません！　もういいんです！」

異常なほどの取り乱し方だった。

私は美枝を落ち着かせようと、説明をつづけた。批判しに来たわけではなく、あくまで理玖君を助けられなかった理由と家族としての思いについて尋ねたいだけなのだ、と。

だが、美枝はまったく聞き入れようとしなかった。体を震わせて、大げさに首をふり、声を裏返して言うのだ。

「あの子のしたことです！　私が事件を起こしたわけじゃありません！」

――ええ、理解しています。だから……。

「もういいでしょ！　うんざり！　もううんざり！　あの子が何考えてるかなんて知らない。どうでもいいです！」

気を鎮《しず》めようととりなしたが、彼女は首を激しく振って余計に声を大きくした。

「私は何も話しません！　何も知らないし、知りたくもない。もう本当に嫌なの！さっさと帰って！　早く帰って！」

美枝は聞く耳さえ持たず、事件について語ることを一切拒んだ。一通りかすれた声で叫び散らすと、ドアを閉めて鍵《かぎ》を下ろしてしまった。

私はドアの前に立ったまま、きっと美枝はこれまでも、川本家に対して愛美佳のことでこうした態度を取ってきたのだろうと思った。自分は知らないし、関係ないのだと叫んで、話題にすることさえ避けてきた。そうやって突き放しつづけた末に、理玖君はあの暗い部屋でたった一人閉じ込められつづけることになったのではないか。

ふり返ると、前にそびえる山は紅葉で染まり、野鳥たちのさえずりが森の奥深くで響いていた。初冬の香りを含んだ風が冷たく、私は思わず身を縮めた。

私は、この森に囲まれて育ってきた愛美佳の胸の内を思わずにいられなかった。公判の証言によれば、彼女は、「サービス業」をして生計を立てているそうだ。きっと三十代半ばになった今も、糸の切れた凧《たこ》のように町を彷徨《さまよ》って生きているのだろう。

川本家とのつながりが壊れた以上、親族の中で愛美佳のすべてを理解したうえで手を差し伸べようとする者はいないだろうし、社会にも彼女を支える仕組みはなきに等しい。できるのは、彼女がもう一度同じ過《あやま》ちをくり返さないようにと祈ることだけなのだ。

山から寒風が滑り落ちるように吹きつけてくる。私は取材のなかで聞いた、理玖君の遺骨のことを思い出した。警察にあった遺骨は、事件発覚からしばらくして愛美佳へと返されたという。川本家の墓に埋葬できない以上、美枝の実家の墓に葬《ほうむ》ることになる。

愛美佳がこの地で理玖君と二人きりになるのは、お産から間もない時以来だったにちがいない。彼女は、その小さな骨を前にして、何を感じただろうか。

冷たい風は、いつまでも紅葉の葉を揺らしていた。

Case2：
下田市嬰児《えいじ》連続殺害事件

伊豆半島の南

静岡県の伊豆半島の相模《さがみ》湾側には、熱海や伊東など名の知れた観光地がいくつもある。首都圏からも中部地方からも気軽に来られるうえに、温泉や海水浴場があるため、昭和の高度経済成長期には新婚旅行の格好の地として人気を博していた。その名残なのか、今でも老夫婦や高齢者グループのツアーが少なくない。

そんな伊豆半島の東側には、地方鉄道「伊豆急行」が通っている。この列車に乗って紺碧《こんぺき》の海を眺めながら南下した終着駅が、伊豆急下田駅だ。その昔、ペリーが来航して江戸幕府に開国を迫り日米和親条約を結び、箱館《はこだて》(後の函館)とともに開港された地と言えばわかるだろうか。

下田もまた温泉と海水浴の町として、バブルの時代までは大勢の観光客でにぎわっていた。下田市の人口は二万三千人弱。現在でも、海辺や丘の上にはバブル当時に建てられた大型ホテルが並び、港にはヨットが数多く停泊する。海岸近くには、ダイバーたちが集うショップやお洒落《しゃれ》なバーまであるが、どこも古びている。

この町の、海に沿って走る国道沿いに建つのが、ファミリーレストラン「ジョナサン下田店」だ。店はピンクのような明るい色で、太いポールの上の赤い看板が目立つ。下田で唯一《ゆいいつ》のファミリーレストランだからか、朝六時半の開店と同時に軽自動車に乗った客が次々とやってきて夜中までにぎわう。

二〇一五年の五月の末、私はこの店の奥のソファー席にすわっていた。ちょうど正午だったため、店内は若い母親たちや年配の夫婦で混み合い、ドリンクバーの前には人だかりができていた。窓の外にはヤシの木が揺れ、沖からは船の汽笛が響き、まるで南国にでも来たような気分になる。

十分ほどして、ウエイトレスが注文したグラタンを運んできた。赤と白のチェックのシャツに小豆色のエプロン、それに黒いズボンという制服だ。耳につけたイヤホンは厨房《ちゅうぼう》とのやり取りにつかっているにちがいない。

彼女は伝票をテーブルに置くと、さっと厨房へ歩いていき、また別の食事をトレイに載せて他の客の席へと運んでいく。昼食の時間帯は、立ち止まることすらままならない忙しさなのだろう。

私はそのウエイトレスを目で追いながら、かつてこの店で働いていた高野愛《いつみ》（逮捕時二十八歳）の姿と重ね合わせていた。彼女は十八歳だった二〇〇四年の春から十年間、このレストランにアルバイトとして勤めていた。だが、二〇一四年の九月の朝、勤務中にレストランで突如破水し、翌未明に自宅で産んだ赤ん坊を、自らの手で殺害したのである。しかも、彼女の部屋には一年前にも同じように産んだ赤ん坊の遺体が隠されていた。

愛は最初の事件の出産当日も翌日も、何食わぬ顔で出勤してウエイトレスの仕事をこなしていた。十月二日の逮捕の日も、朝から接客をしていた。彼女は胸の奥底に赤ん坊殺害の一件を秘めつつ、どんな気持ちで店の客に笑顔を振りまいていたのだろうか――。

静岡地裁沼津支部の二階の一室で、高野愛の裁判員裁判がはじまったのは、遡《さかのぼ》ること四日前の二〇一五年五月二十五日のことだった。

午前十時、法廷に手錠をはめられて現われた愛は、黒のスーツに黒のストッキングという出《い》で立《た》ちだった。髪は肩より少し長いくらいで、体格は少しだけ小太りといったふうで目が細く、化粧っ気のない素顔はアトピー性皮膚炎の痕《あと》が残っていた。どちらかといえば、教室の隅っこでうつむいている寡黙《かもく》で目立たない女の子といった風情《ふぜい》だ。

裁判長は五十代ぐらいの女性だった。初公判から、愛は証言台に立って事件について述べる機会が与えられ、二日目には半日つかって被告人質問が行われた。彼女は、若くしてすでに十一歳の長女を含め三人の子供を育てている母親だったが、その受け答えはあまりに幼稚だった。

たとえば、事件についてどう考えているかと訊《き》かれた時の返答が次だ。

「こんな事件起きちゃって、子供たちにごめんって思ってるから、そう言ってみたいです」

また、なぜ赤ん坊を殺害したのかと問われてこう答えている。

「なんとかなるって思っちゃってたんですけど、そうならなかったから、困って……でも、私が悪いって思います」

彼女は県立高校の普通科に通う学力はあったし、ジョナサンでも愛嬌《あいきょう》をふりまきながら十年間ちゃんと勤めている。知的レベルが著しく低いわけでもないのに、実際に彼女の口から出てくるのは、小学校低学年の子の下手な言い訳のような返答ばかりだった。

そんな女性がなぜ、一度ばかりか二度にわたって、我が子を自宅で出産して殺害、そして遺棄することになったのか。

事件発覚後、マスコミは愛の事件を、若いシングルマザーが貧困ゆえに起こしたものだという論調で報じた。二〇一四年十一月八日付の読売新聞の記事はこうである。

■「中絶費用用意できなかった」乳児殺害容疑で再逮捕の被告

下田市の民家で乳児2人の遺体が見つかった事件で、殺人容疑で再逮捕された同市高馬《たこうま》、アルバイト店員高野愛（いつみ）被告（28）（死体遺棄罪で起訴）が「中絶費用が用意できなかった」などと供述していることが7日、捜査関係者への取材でわかった。

捜査関係者によると、高野被告が産婦人科を受診した際には既に中絶できる時期を過ぎていた。一般的に10万～50万円程度かかるとされる中絶費用を用意できずに諦《あきら》めたという。

高野被告は今年9月下旬、自宅で出産したばかりの女児を布でくるみ、ビニール袋に入れて殺害したとして殺人容疑で逮捕された。別の乳児に対する死体遺棄罪で10月末に起訴されている。

高野被告は子ども3人と母親、きょうだい2人の7人暮らし。家族らには「太ってしまった」などと説明し、見回りに訪れた市職員らには「妊娠していない」と否定していたという。県警のこれまでの調べに、「生活が苦しくて遺棄した。全く育てるつもりがなかった」と話しているといい、県警は生活苦が主な理由で遺棄したとみて調べている。

下田署は7日、高野被告を静岡地検沼津支部に送検した。

事件当時、愛が生活に困窮していたのは事実だ。借家である実家の一室に間借りして三人の子供たちを育てていたが、昼間のジョナサンの仕事だけでは足りず、夜は別のアルバイトも掛け持ちしていた。蓄えはまったくなく、毎月綱渡りのような暮らしだったという。

とはいえ、現代の日本では母子家庭の半数以上が貧困であり、似たような状況にあるシングルマザーは決して少なくないはずだ。とりわけ彼女の場合は家族と同居しており、市の福祉担当者の介入もあった。それなのに、中絶費用が用意できなかったからといって、家族の暮らす家でひそかに赤ん坊を産み、二度にわたって殺害するということがありうるだろうか。

そんな疑問を抱いて事件の取材をはじめたところ、報道では出てこなかった愛のもう一つの顔が見えてきた。彼女は高校二年生の時から十年あまりの間に八人の子供を妊娠していたのである。しかも、そのうち生きているのは、たった三人だ。とても尋常とは思えない。

愛はなぜ、毎年のように妊娠をくり返し、ついに嬰児《えいじ》殺しを二件も起こすまで至ったのか。

また、家の中で嬰児の遺体が二体も放置されていれば、腐臭だって相当なはずだ。同居していた六人の家族、あるいは仲良くしていた友人やきょうだいは、どうして妊娠や殺人に気づかなかったのか。

これから、裁判で明らかになった事実に加え、取材で得た家族や元夫、殺害された嬰児の父親などの話を加えながら、愛がたどった半生を描き、事件を追ってみたい。

公判で、愛は自らの手で殺《あや》めた嬰児を「天井裏の子」と「押入れの子」と呼んでいた。二児は、名前すらつけられていなかったのである。

母子一族

下田駅の山側は、観光化された海側の地域とは異なり、寂れた田舎町といった光景が広がる。路地は閑散として埃《ほこり》っぽく、たまにラーメン屋や美容室を見かけてもシャッターが下りていた。店先に、動かなくなった錆《さび》だらけのバイクが止めてあるところを見れば、閉店してもう何年も経《た》つのだろう。

駅から下田街道を車で五分も北上すると、緑に覆《おお》われた山々や田園が広がり、川のせせらぎが聞こえる。潮風もいつしか森のにおいに変わって、目につくのは古い家屋と色褪《あ》せた政治家のポスターが貼《は》られた立て看板ぐらいだ。

事件が起きた下田市高馬の家は、駅から二キロほど行った小高い山の麓《ふもと》にあった。二十軒ほどの民家が集まる、路地の入口に位置する木造の一戸建てだ。ブロック塀の高さが一メートルほどしかないため、道路からのぞき込むことができ、窓を閉めていても家族の話し声やテレビの音が外に漏れてくる。ブロック塀には小学生の子供が学校でつくったのか、風車が二つ飾られ、カラカラと音を立てていた。

事件が発覚した当時、この家で高野愛は二度の離婚を経てシングルマザーとして三人の子供を育てていた。子供の父親から養育費はもらえず、長女は認知さえされていなかった。ただ、これは彼女の系譜では珍しいことではない。愛の母も、祖母も、同じように女手一つで男の助けを借りずに子供を育ててきたからだ。

親族の話では、祖母（故人）の代からすでに下田の市内でも海から隔たった地で暮らしていたそうだ。祖母はこの地で結婚し、七人の子を産んだものの、やがて夫との不仲から離婚することになった。時代が時代だから、狭い町で母子家庭に注がれる視線は決してやさしいものばかりではなかっただろう。そうしたなかで、祖母は懸命に働きながら、七人の子供全員を引き取って育て上げた。その一番上の長女が、後に愛の母親となる夏美（仮名）だった。

一家の暮らしぶりは、かなり困窮していたらしい。祖母は生活のために働くので精一杯で子育てにまで手が回らなかったのか、夏美をはじめとする子供たちの評判はすこぶる悪く、「あの家の人たちはみんなダメ」とささやかれている。特に夏美は地元住民から「明らかにおかしな女性」と断じられているし、次女の昌子（仮名）にいたっては親族から「人間としてまちがっている」「自分のこととお金のことしか考えない」とさえ言われるほどだ。

私も、五十一歳になる夏美と何度か接したことがあるが、まともな会話が成り立たない相手であることは一瞬で感じ取ることができた。日本人離れした雪だるまのような肥満体で、顎《あご》を上げて息を切らしながらしゃべるのだが、いったん口を開けば、まったく人の言うことを聞かず、機関銃のように自分の意見だけを吐きつづける。こちらが何を言ったところで、耳を傾けようとする素振りさえ見せない。

裁判に証人として現われた際も、同様だった。証人尋問では、弁護士や検察官の問いにいちいち感情的になって声を張り上げ、無関係なことまでしゃべりだす始末で、裁判官からいくたびも注意を受けていた。こうした性格は、幼少期から一貫しているのだろう。ちなみに、地元の記者は、「母親に障害があるかもしれないと思ったので、家族に関する報道を差し控えました」と述べている。

その夏美が地元の下田を離れたのは、十代の終わりだった。神奈川県へ働きに出たのである。十三歳年上の大友修平（仮名）という男性と出会ったのは、それから間もなくだった。夏美は大友と体の関係を持ち、妊娠する。その子が、後に事件を起こす愛である。

一九八五年の大晦日《おおみそか》、夏美は下田に帰って病院で愛を出産した。彼女は大友とは籍を入れず、認知も養育費の請求もしなかった。夏美は我が子にさえその理由を明かそうとしないが、大友の年齢からして妻子持ちだった可能性は高い。

夏美は下田の実家に暮らしながら愛を育てる一方、その後も大友と交際をつづけた。

大友の方が気まぐれに下田にやってきて、セックスだけして帰るという関係だ。彼にとってみれば、便利なセックスフレンドだったのだろう。

そんないい加減な関係だったにもかかわらず、二人は避妊をしておらず、夏美は愛を出産した翌年に次女の恵子（仮名）を、三年後には三女の文子（仮名）まで産んだ。いずれも大友の娘だったが、彼は責任を取ることなく三度目の出産の後に行方をくらまし、音信不通になった。

やがて夏美は実家を出て、地元でアルバイトをして生計を立てるようになる。彼女は、娘たちに対しても威圧的に自分の思いだけをさんざんしゃべりまくり、意思を尊重しようとする気などさらさらなかった。

たとえば、なぜ自分には父親がいないのかと愛から尋ねられると、「いないものはいない！」と叫ぶだけで、下の娘たちに同じ質問を投げかけられると今度は怒りをあらわにして突っかかってくる。そのため、愛、恵子、文子の三人は大友のことを写真でしか見たことがなく、未婚で、認知してもらえない理由については未《いま》だに知らない。

ここであえて夏美を擁護するとすれば、アルバイトをしながら三人の娘を育てる苦労は生半《なまなか》ではなかったろうということである。かつて観光の町として潤《うるお》った下田は、バブルの崩壊以降みるみるうちに寂れ、夏美のような立場の人間を真っ先に苦境に追いやった。職場では低賃金でこきつかわれ、疲れ果てて帰宅すれば、幼い娘たちのわがままに付き合わなければならない。時には鬱憤《うっぷん》をぶつけたくなることもあったにちがいない。

こうした夏美の感情の矛先は、長女の愛に向けられることが多かった。次女の恵子は語る。

「お母さんは、うちら娘を愛してくれてたって思ってますよ。大人になるまで育ててくれたこともすごく感謝してる。だけど、お母さんはもともとの性格がおかしくて、ちゃんと子育てができない人なんです。誰がどう見たって、うちらに対する接し方はまちがってたと思う。ホント、意味のわからない怒り方にさんざん嫌な思いしてきましたから。

一番被害受けてたのは、絶対イッちゃん（愛のあだ名）。お母さんって相手によって態度がちがって、文子（三女）をものすごく甘やかすのに、イッちゃんにはずっと厳しく当たってた。飴《あめ》と鞭《むち》があるなら、妹には全部飴で、イッちゃんには全部鞭だけって感じ。イッちゃん、いっつもお母さんに怒鳴られてたっていう記憶しかないもん」

日中働いている夏美の代わりに、愛は妹二人の面倒や家事などを任されていた。だからこそ、夏美の目には愛のいたらないところばかりが目につき、罵声《ばせい》を浴びせることが多かったのではないか。

口答えしても無駄だとわかっていた愛は、いつも感情を押し殺してうなだれ、やりすごしていた。これまでさんざん罵倒されてきた経験から、どんなことを言われても右から左に聞き流して何も感じないでやりすごす性格になったのだ。妹たちですら、よくあそこまで言われて黙っていられるな、と不思議に思うほどだった。たまに耐えられなくなることがあっても、布団《ふとん》にもぐり込んで寝てしまえば、数時間後にはきれいさっぱり忘れてケロッとしていた。

恵子はつづける。

「イッちゃんって自分の意見を言わないで、何でも聞き入れちゃうところがあります。あれってお母さんのせいですよ。お母さんに変なことを言われつづけて、どんなことでも受け入れちゃうようになったんです。

本人はその性格のせいで苦労したんじゃないかな。人から無理なことを頼まれても、絶対に断らないで『いいよ！』とか『わかった！』って言っちゃうんだもん。結局、自分で自分の首を絞めちゃうんです」

愛のことを知る人々がみな、「八方美人」「何でもしてくれる子」と口を揃《そろ》えるのは、そうした性格ゆえなのだろう。

愛は小学校卒業後、そのまま市立中学校へ進んだ。同級生によれば、愛は大人しく目立たない子だったらしい。実際に中学の卒業アルバムに写る彼女は、少しぽっちゃりしているが、どこにでもいる中学生といった風貌《ふうぼう》だ。

この頃、母親の夏美は三人の娘を育てる傍ら、新たな恋人をつくっていた。井岡哲《てつ》哉《や》（仮名）、下田市内に暮らす三歳年下の男性だ。夏美はその男の存在を隠すことなく、娘たちに会わせることもしばしばだった。愛とも親しくしてよく一緒に話したり、遊んだりしていた。

夏美が井岡の子を妊娠したのは、愛が中学二年生の時だった。産むと決めると、大友の時とは違って結婚の話も出た。だが、井岡の実家が猛反対したことで立ち消えになり、夏美は大友の時と同じように未婚のまま長男を出産することにした。この時も養育費の約束をせず、その後の生活はいっそう苦しくなった。ちなみに、愛はこうした母親の男関係を目の当《ま》たりにしながら、中学三年の時に異性との初体験をすませている。

高校は、地元の県立下田南高校（現・下田高校）へ進学した。クラブ活動に熱心だったわけではなく、幼い異父弟の面倒をみたり、アルバイトで厳しい家計を支えたりしていた。学校では異性に対する興味を赤裸々に見せ、積極的に自分から声をかけることもあったらしい。高校入学から一年半の間に肉体関係を持った男性の数は五人に上った。

高校二年の二学期から付き合っていた土井和樹《かずき》（仮名）も、愛から声をかけた一人だ。和樹は同じ高校の一年後輩で、生徒会に所属する優等生だった。愛はそんな和樹を一目見て、「元カレに似てる」と思って自分から遊びに誘い、交際をはじめる。

年が明けた二〇〇三年二月、愛にとって予想外のことが起こる。生理が来なかったことから、検査キットで調べたところ妊娠が判明したのである。避妊については相手に任せっぱなしで、自分では気をつけていなかった。

高校生なので産むわけにはいかない、と思った愛は、頭では中絶するつもりだった。だが、家庭の状況が悪かった。数カ月前に、母親の夏美が恋人の井岡との間に再び二人目の子を産んだばかりだったのだ。前回同様、結婚もできず養育費ももらえないという条件での出産だったため、家に金がないのは明らかだった。ここで母親に中絶費用を出してくれといえば、どれだけ怒られるかしれない。かといって、年下の和樹にも費用は工面できないだろう。そう考えると誰にも言い出すことができず、一カ月、二カ月と月日だけが過ぎていった。

妊娠が周りに発覚したのは、高校三年に進級した後の五月のことだった。お腹《なか》の膨らみを隠すことができなくなった愛は、和樹を呼び出して打ち明けたのである。彼にしたところで、いきなり告白されてどうすることもできず、両親に泣きついた。そこから教師につたわり、夏美が学校へ呼び出されたのだ。

和樹の両親は息子の将来を守るために、愛に対して何としても中絶するよう求めた。だが、病院での診断では、中絶可能な二十二週をはるかに過ぎた妊娠八カ月に達していて、法律的には出産しか道は残されていなかった。

高校の面談室で、愛はせめて高校だけは卒業したいと訴えた。だが、教師はこう諭《さと》した。

「出産すれば学校は休まなければならないし、赤ちゃんの世話だってどうするつもりだ？　ひとまず高校を中退しなさい。そしてもし余裕ができたら、改めてうちの高校の定時制に編入すればいい。うちの学校ならいつでも受け入れてあげるし、一年で高校卒業資格を取得できる」

愛はやむをえず高校を中退して、お産に備えることにした。

だが、和樹の両親はその後も、中絶が不可能だと知りながら「やっぱり堕《おろ》せないのか」「別の病院で相談してみてはどうか」と迫ってきた。夏美や妹たちはそれを聞いて怒り、「そんなことできるわけないでしょ！」と真っ向から反論した。特に夏美はその乱暴な性格から、尋常ではない物言いをし、両家の関係をこじらせてしまった。

和樹の両親はこれを逆手にとって「将来どうするかは二人が高校を卒業してから決めましょう」と言いだした。そして息子を、下田南高校から沼津市の高校へ編入させたのである。息子を体よく余所《よそ》へやってその場を取り繕ったのだ。

二〇〇三年の九月、愛は市内の病院でたった一人で長女の万梨阿《まりあ》（仮名）を出産した。沼津にいた和樹は、見舞いにすらこなかったという。一週間ほどで退院したものの、実家には二人の妹の他に、父親違いの四歳の弟と一歳になる前の妹が暮らしていてあまりにも手狭だった。親族で話し合った結果、愛は万梨阿をつれて叔母である昌子の家に身を寄せることになった。

この家には昌子の他、年老いた祖母と三十代のフリーターの息子が住んでいた。昌子はすでに離婚していて、生活費を祖母の年金などわずかな手当で賄《まかな》う困窮した生活ぶりだった。昌子は、愛と万梨阿が移り住んでくるなり、言い放った。

「赤ちゃんは私があずかるから、あんた（愛）はさっさと働いてこの家の生活費を稼いできなさい！　それがここで暮らす条件だからね！」

愛も居候《いそうろう》の身分、断ることなどできなかった。生まれたばかりの万梨阿を昌子にあずけ、ハローワークを通して見つけた近所の旅館で仲居として働きはじめる。

この旅館は百年以上の歴史を持つ老舗《しにせ》で、松に囲まれた庭には時期がくれば真っ赤なつつじが咲く。毎日、愛は夜明けとともに自宅から自転車で旅館まで行き、暗くなるまで働いた。旅館のオーナーの話では、彼女は「黙々としっかりと働く子で、人懐《ひとなつ》っこくて、いつも笑顔だった」という。八方美人と言われる性格が、旅館の仕事に向いていたのかもしれない。ただ、毎月支払われる給料の多くは昌子にわたす決まりで、愛が自由につかえるお金はほとんどなかった。

翌二〇〇四年の春、愛は予定どおり下田南高校の定時制に編入した。この際、旅館でのアルバイトを辞め、国道沿いの、前述のジョナサンで働きはじめた。こちらの方が時間がきちんと決まっているので、通学しながら働くには都合がよかったのだ。朝六時過ぎには出勤して六時半のオープンから夕方まで働き、それから定時制高校へ行く。月十万円ほどの給料の大半は、相変わらず昌子が生活費として取り上げていた。

妹の恵子は愛の状況について、こう話す。

「昌子さんは、うちのお母さんより性格悪いんですよ。特にお金の面がひどすぎ。がめつくて、いっつも他人からお金をどう搾《しぼ》り取るかって考えてるんです。姪《めい》のうちにまで変なものを何度も売りつけてきたからね。

昌子さんがイッちゃんを家に引き取ったのは、お金目当てに決まってますよ。まず、イッちゃんと万梨阿を扶養家族にして、その時もらってた手当を増額させた。それと、児童手当とか母子手当(児童扶養手当)が振り込まれる通帳を奪って、『生活費だから』って全部自分のものにした。おまけに、イッちゃんに給料から月五万円を生活費として払わせてたでしょ。それ以外にも、食事代が足りないとか、電気代が高いとか言って、もっと要求してたみたい。

イッちゃんはいつもどおり『はいはい』って、文句一つ言わないで従ってました。もとの性格もあるし、万梨阿を人質に取られてたみたいな感じだったんで、どうしようもなかったんじゃないかな。昌子さんから、『私が万梨阿を面倒みてんだから文句あるの?』って言われたら歯向かいようないもん」

愛にしてみれば、こうした状況下で誰かにすがりたい気持ちはあったはずだ。だが和樹は、まだ沼津の高校へ通っていて、相談することはできなかった。

そんな時、バイト先のジョナサンで出会ったのが、本社の男性社員だった。仕事が終わってから諸々《もろもろ》の相談に乗ってもらっているうちに、男女の関係になる。下田の海辺にあるラブホテルや、暗い港に車を止めて抱き合ったりしていたのだろう。

二人は正式に交際していたわけではなかった。愛にしてみれば、寂しさを紛らわすだけの刹那《せつな》的な関係だったのだ。だが、万梨阿という子供がいて、和樹と将来を約束している以上、浮気であることにはちがいない。このことが、愛のその後の人生を大きく狂わせることになる。

結婚

二〇〇五年春、愛はジョナサンで働きながら定時制の普通科を卒業した。一方、和樹も沼津の高校を卒業して後、県内の富士市にある企業に就職することになった。

高校卒業後に将来を決めようと約束していた二人は、まず同棲《どうせい》からはじめてみることにした。愛が下田を離れ、和樹のアパートに移り住んだのだ。万梨阿は昌子にあずけていたが、二人の暮らしがうまくいけば、正式に籍を入れて万梨阿を引き取り、親子三人で暮らす予定だった。昌子にしてみれば、せめてそれまでは万梨阿を手元に置いて手当をもらいつづけるつもりだったのだろう。

しかし、若い二人の生活はわずか数カ月で終焉《しゅうえん》を迎える。愛がジョナサンで働いている間に、本社の社員と浮気していたことが発覚したのである。和樹によれば、たまたま日記を開いたところ社員の他に五人の男性と肉体関係を持っていることが赤裸々に記されていた。愛は和樹に問い詰められて、「あれは浮気じゃない！」と必死でごまかしたが、聞き入れてもらえなかった。それで別れることになったのだ。

二人の関係は破綻《はたん》したが、実家の夏美たちにしてみれば、愛に裸一貫でもどってこられても面倒をみきれない。和樹に対して、せめて万梨阿の認知と養育費の支払いだけは約束するように求めた。だが、和樹は、両親を盾にしてこう言い張った。

「悪いのは愛の方だろ。俺は浮気されて裏切られたんだ。万梨阿だって誰の子かわからない。だから、俺は一切責任を取らない！」

居直りである。一方の愛にも後ろめたさがあったのか、「もういいよ」と母と妹をなだめ、一人で育てていく決心をした。

下田に帰った愛は、再び昌子の家に居候させてもらい、ジョナサンでのアルバイトを再開した。昌子に給料や手当を取られる肩身の狭い生活に逆もどりである。本心では、昌子の家を出て、アパート暮らしをしたかったが、アルバイトの最中に万梨阿をあずかってくれる人は他になく、託児所を利用する収入もなかった。

愛は昌子にあれこれ言われるのが嫌で、仕事を終えると地元の男友達に誘われるまま夜の町で遊ぶことが増えていった。一児の母とはいえ、まだ二十歳。下心を持ってチヤホヤしておごってくれる男は少なからずいたはずだ。そんな夜遊びのなかで、愛は多くの男性と体の関係になった。男たちにとっても、シングルマザーで誘えば「はい」という彼女は、〝便利〟な存在だったのだろう。

後に夫となる男性と出会ったのは、二〇〇七年のことだった。ある日、家にいたところ、郵便配達の男性が荷物を持って現われた。高校の一学年下の山田逸平《いっぺい》（仮名）だった。高校卒業後、郵便局でアルバイトをしているのだという。愛はこう声をかけた。

「お兄さん、かわいい顔してるね。電話番号教えてよ」

山田は「いいですよ」と、その場で電話番号を交換した。その後、愛から電話をかけて何度も遊びに誘ったが、山田の方があまり乗り気ではなかったことから、愛は男性を紹介してくれと頼んだ。そうして山田がつれてきたのが、彼の同級生の高野遼《りょう》（仮名）だった。

遼は高校を卒業してから、バイトをしたり辞めたりをくり返していた、いわゆるフリーターだ。決してハンサムなタイプではなく、愛と同じようにアトピーの症状があった。背が低く、おまけに借金まで抱えていた。女癖が悪いと評判で、母親や妹からも「遼だけはやめなよ」とくり返し言われたが、愛はそれを右から左に聞き流して付き合いはじめ、数カ月後には市内に安アパートを借りて同棲をはじめた。

アパートは、急な坂道の途中にある廃屋のような建物だった。外壁は苔《こけ》と汚れで黒ずみ、階段は錆びついていて小さな穴がいくつも空いていて、住人の大半は独居老人だ。下田の中でも格安の部類に入るアパートを選んだのは、愛に、一日でも早く昌子から逃れたいという気持ちがあったからだろう。愛は万梨阿を引き取って三人で住もうとしたが、昌子から「生活が落ち着いたら返す」と言われたので、まずは二人で暮らすことにした。

彼らは、結婚まで先のことを見据えて一つ屋根の下で暮らしたわけではなかった。そのため、ほどなくして妊娠していることがわかっても、あっさり堕胎すると決めた。市内のOクリニックでの初期中絶費用は十万円。二人でなんとか金をかき集め、手術を受けた。

裁判で愛は、中絶した理由を「赤ちゃんを育てるお金がなかったから」と言った。遼は無職同然だったし、愛のバイトだけでは到底やっていけなかったからだ、と。

しかし遼によれば、事情はいささかちがうようだ。

「ぶっちゃけ言うと、俺らどっちも浮気してたんだよ。俺も愛も、セフレが何人かいた。お互い薄々わかってたけど、『まっ、いっか』みたいな感じだった。そんであいつから妊娠したって言われても、俺にしてみりゃ『それってマジ俺の子かよ』って感じでしょ。それ言ったら、あいつも『そんなに言うならもういい。堕すよ』って言ったから中絶したんだ」

愛は遼が好きというより、昌子のもとから離れたいがために同棲をしたのかもしれない。

こうしたことがあった後も、愛は避妊に気をつけるようなことはなかった。一年も経たないうちに、また妊娠が発覚する。

前回と異なるのは、愛が産む決断をしたことだった。今回は子供の父親が遼だという確信があったうえに、前の手術がかなり痛かったので二度と中絶したくないという気持ちになったのだ。とはいえ、法廷での彼女の言葉はあまりにも軽い。

「(前の中絶が)痛《イダ》かったし、だったら産んじゃおうと思って(産むことにした)。万梨阿はまだ昌子さんとこにいたけど、ちゃんと引き取って育てればかわいそうな思いはさせないですむって思ってました」

家族にも妊娠を告げ、子供を産んだ後に遼と入籍するとつたえた。家族は、相手が遼ということで心配したが、妊娠しているとあって真っ向から反対するわけにはいかなかった。

しかし、その懸念《けねん》は現実のものとなる。臨月にさしかかろうという時、予期せぬ出来事が起きた。遼が、地元の十六歳の女子高生をレイプした容疑で警察に逮捕されてしまったのである。さすがに夏美も恵子もあきれ果て、翻意《ほんい》して「あんな奴《やつ》の子は産むな！」と愛に詰め寄った。

愛は肩を落として答えた。

「もう中絶できない時期だから無理だよ。それに、遼も子供ができたらちゃんとしてくれると思う」

和樹との時と同じく、二十二週を過ぎてしまっていたのである。遼はしばらく警察に留置された後、被害者に示談金を払って釈放され、平然とアパートにもどってきた。愛は、昌子から万梨阿を取り返していたこともあり、将来の生活のことを考えれば彼の力なしではやっていけなかった。

二〇〇八年四月、愛は病院で真多偉《またい》（仮名）を無事に出産した。元気な男の子だった。こうして一家四人の暮らしがはじまるが、問題は生活費だった。愛は二人の面倒をみなければならず、遼の収入に頼らざるを得なかったが、彼は建築関係のアルバイトなどについても数週間、長くても数カ月で辞めてしまい、収入はないも同然だった。たしかな実入りといえば、子供たちの児童手当だけだ。

生活は間もなく立ち行かなくなり、食べる物にも困るようになった。当時、恵子が付き合っていた恋人がこの状況を見かねて、自身が経営する建設会社で雇ってあげたが、あろうことか遼は、その会社も無断で行かなくなった。

それでも愛は、いつか遼が自覚を持って変わる日が来ると信じ、九月に入籍する。そして根気よく、子供たちのために働いてほしいと頼んだ。だが、遼は仕事のことを言われるたびに、逆上して「俺だってがんばってんだろうがよ！」と怒鳴り散らし、テーブルの上の食器や雑誌を壁に投げて暴れた。

愛は、どんどん遼の言動が荒れていっても、更生を期待して耐えた。真多偉にとっては血のつながった父親だし、万梨阿も「パパ」と呼んでなつきはじめていた。それに、家族の猛反対を押し切って結婚した手前、今更ダメでしたと出もどるわけにはいかない。

そんな思いを知ってか知らずか、遼は開き直ったように職探しさえしなくなった。日中からアパートでゴロゴロ昼寝をし、起きればゲームをするだけ。ある日、愛が堪《かん》忍袋《にんぶくろ》の緒を切らして、大きな声で「家族のために働いてよ！」と訴えた。すると、遼は立ち上がって叫んだ。

「うっせえんだよ。面接待ってる最中なんだよ！　おまえがガタガタ言うから決まんねえんじゃねえか！」

彼は愛の髪をわしづかみにすると、力まかせに床を引きずり回した。万梨阿と真多偉が恐怖に駆られて大声で泣きはじめる。愛は子供たちの怖がる顔を見て、「もう遼とはやっていけない」と思った。これ以上一緒にいれば、子供にまで手を出すのは時間の問題だ。

夜の仕事

二〇〇九年三月、愛はついに遼に離婚届を突きつけた。二人の子供を抱きかかえアパートを出て頼った先は、下田市西中《にしなか》にある実家だった。昌子の家でさんざんつらい目にあったことから、実家のほうがマシだろうと考えたのだ。

西中の家には、小学校と保育園に通う弟妹がいたが、年の近い妹である恵子と文子の二人はすでに独立して家を離れていた。母親の夏美からはこれでもかというほど嫌味を言われたが、愛は頭を下げて同居を許してもらった。

この西中の家での生活が、新たな地獄の幕開けだった。夏美は地元の弁当屋でアルバイトをしていて、給料十一万円と児童手当や児童扶養手当の六万円が収入のすべてだった。当然、これだけでは厳しく、愛と孫二人を受け入れる余裕はない。そこで夏美は、昌子の真似《まね》をして愛から金を巻き上げようとする。

「うちにいるんなら、ちゃんとお金払ってよね！　まず、ちゃんと離婚して母子手当をもらって。母子手当（児童扶養手当）と児童手当が振り込まれる通帳は、お母さんが持っとくから。勘違いしないでほしいんだけど、これは生活費だからね！」

愛は頭を下げて実家に住まわせてもらっている立場である。そう言われれば拒絶する選択肢はなく、「はい」と言って銀行の通帳と印鑑を手渡した。児童扶養手当が約四万円、児童手当が約三万円の月額およそ七万円である。

夏美はこれでも満足しなかった。しばらくして今度は、こう言い放った。

「ぜんぜんお金足りないんだけど！　あんたたちがいると、水道代とか電気代とかすごいかかるんだから、ちゃんと働いてお金入れてよ！　昌子のところにいた時だって月々五万円払ってたわけでしょ。ここでもそうして！」

愛は仕方なく育休を早々に切り上げ、ジョナサンでのアルバイトを再開し、十万円の給料のうち五万円を生活費として支払った。

こうして夏美は、愛から毎月十万円以上を召し上げたが、それらを孫たちのためにつかったわけではなかった。二家族の家計は別々で、光熱費など一部を除けば愛の子供の食事代、おむつ代、保育園代などすべては愛が負担した。愛は手元に残ったわずか五万円で、それらをやりくりしていたのである。

夏美の〝搾取《さくしゅ》〟で家計が逼迫《ひっぱく》し、実入りを少しでもよくしたいと考えた愛は、七月からアルバイトを掛け持ちする。派遣コンパニオン（通称コンパ）に登録したのである。宴会やパーティーで接待する仕事で、温泉地の下田ではまずまずの需要があった。

ここから愛の、朝から深夜まで働く日々がはじまった。早朝六時過ぎから午後四時までジョナサンで働き、そこから保育園に子供を引き取りにいき、午後六時から深夜まではコンパの仕事に出かける。二つの収入に児童手当などを加えると、月に二十八万円ほどになり、生活も少しは楽になるかと思われた。

ところが夏美には、金のにおいを嗅《か》ぎつける獣のような嗅覚《きゅうかく》があり、愛の収入が増えたと知るや、こう言ったのだ。

「夜、あんたがコンパに行ってる間に子供を世話すんの大変なんだからね！　私が何もできなくなってるってわかってる？　これからは『子守賃』として一時間千円取るから！　五時間あずかったら五千円だから、わかったね！」

深夜零時に帰宅して八千円稼いだとして、六時間分を夏美にもっていかれれば、手元に残るのは二千円だ。あまりに理不尽な話だが、「夜間に託児所にあずけたらもっとかかるのよ！」と言われて泣く泣く呑《の》むしかなかったのである。

妹の恵子は、この時の愛についてこう言う。

「イッちゃん、昌子さんとお母さんの両方に金をむしり取られてたからねー。昌子さんの家に住めば万梨阿を人質に取られて金を要求され、そこから逃げて遼とアパートで暮らせばDV。それで実家に逃げ込んだら、今度はお母さんでしょ。イッちゃんが何でも『はいはい』って言うから悪いんだけど、逃げ場なかったんだろうなーって思う。

あの頃、イッちゃんは一日千円ぐらいしか持たせてもらってなかったはずです。たった千円で子供たちの食費、洋服、ガソリン代とか全部ってムリじゃないですか。それでイッちゃん、しかたなくお母さんに『ちょっとだけ貸して』って千円、二千円って借りてた。そしたら、それが借金になってつみ重なって給料日に余計に払わなきゃいけなくなるんです」

なぜ、そこまで娘からお金を吸い上げていたのか。法廷でそのことを問われた夏美は、「育てたりするのにお金がかかるじゃないですか!」と声を荒らげていた。自分が万梨阿や真多偉の食事をつくることもあったし、病院につれていって医療費がかかることもあったというのだ。

しかし、周辺を取材すると、実情が浮かび上がってくる。たとえば遼は、次のように打ち明ける。

「あの母さん（夏美）が金にがめついってのはマジだよ。ホント何でもかんでも金・金・金。一度よこせって言い出すと、狂ったようにそればっか叫びつづける。だからあいつ（愛）も払って丸く収めてたんだと思うよ。

金の使い道は、母さんの遊びか外食だよ。あと、ディズニーランドね。あの人、年に何回もおばさん（昌子）とか、下の息子たちをつれてディズニーランドに遊びに行ってた。多い時には年に十回は行ってたんじゃね。あいつ（愛）は置いてくけど、時々俺の子とかもつれてってた。もちろん、泊まり。

外食もすげえよ。自分じゃぜんぜん飯つくらないで、子供たちをつれて外へ食べに行ってばっか。それで、あんなに太るんだから、どんだけ食ってんだって感じだよな」

これらのことは、親族も同様に認めている。ディズニーランドへ行くのは、夏美と幼い自分の子供二人、それに万梨阿と真多偉と昌子の六人だった。仮に泊まりがけで行けば、一回で二十万円以上はかかるだろう。自らの遊興費を愛から奪っていた――。それは、親子とは名ばかりの、娘を娘とも思わない所業だった。

常識的に考えれば、愛にしても母子生活支援施設を頼るなど、もう少しやりようがあったのではないかと言いたくなる。何をしても給料を巻き上げられるのなら、夜は子供の傍にいるという選択肢だって取れたはずだ。だが、愛はそうして現実に向き合うより、コンパの仕事やアフターの飲み会を楽しむことで現実逃避することを選んだ。コンパの席で客に勧められるままに酒を飲み、二次会や三次会の誘いも決して断らなかった。毎夜帰宅するたびに嘔吐《おうと》していたというから、浴びるように酒を飲んでいたにちがいない。

また彼女は、酒の席で会う男たちと、ほとんど相手構わず肉体関係をもっていた。客の泊まっているホテルについていく、市内のラブホテルへ行くなどして、日常で溜《た》まったものを発散していたのである。

こうした愛の夜の生活は、裁判で明らかになった。愛の妹で三女の文子は、驚きを隠しきれなかった。

「イッちゃんにあんな男性関係があったなんて知らなかったです。あれじゃ、やりマンだよね。でも、家でお母さんに追いつめられてたストレスとか不安を全部セックスで解消しようとしてたんじゃないかなー。そうでもしなきゃ、やってけないみたいな」

愛にしてみれば、夜の町でしか本当の自分をさらけ出せる場所がなかったのだろう。

二十三、四歳という年齢や一回の離婚歴を考えれば、そこで新しい男と出会ってすべてをやり直したいという気持ちもあったのかもしれない。

こうして肉体関係を持っていた多数の男性の中には、元夫の遼も交じっていた。彼は離婚した後も、たまに連絡してきては「真多偉に会わせろよ」と言ったそうだ。家庭をまったく顧みなかったのに、血のつながった息子に会いたいという気持ちだけはあったのか。愛は、真多偉も遼を慕っているのを知っていたので、深く考えもせずに引き合わせていた。

愛は、次のように述べている。

「だって、遼君はパパじゃないですか。だから真多偉に会いたいっていうの当たり前だって思うし……。遼君は（子供たちに）会う時は、バイトで稼いでオモチャをプレゼントしてくれたんです。車とかのオモチャ。真多偉、すっごく喜んでました。

私、いっつもお金なかったから、（子供たちに）何も買ってあげられなくて、かわいそうって思ってた。だって、真多偉って、私のこと大好きだったんですよ。ママ、ママって言って離れなかった。ものすごくママっ子なんですー。私も大好きでもっとかわいがってあげたかったです。でも、お金がないからできなくて、どこいっても、ごめん、ごめん、って……。そいだから、遼君がプレゼントしてくれて、真多偉が嬉《うれ》しがってくれて、よかったって思ったので、クリスマスとかに会わせてたんです」

だが、実際は子供を外で会わせていただけではなかった。遼は、真多偉にオモチャを与える代わりに愛にセックスを求め、愛は愛で「プレゼントを買ってくれるなら」と受け入れていたのである。

こうしたことが祟《たた》って、愛は二十五歳になって間もなく四度目の妊娠に気がつく。父親は遼だった。今の生活状況では、三人目の子供を育てられないのは明らかだった。それに、離婚した遼と関係をつづけていることを家族に説明できない。愛は遼に妊娠したとつたえ、五万円ずつ出し合って前回と同じOクリニックで中絶手術を受けることにした。二〇一一年四月のことだった。

再婚という悲劇

ここまでしておきながら、二人の関係は意外な展開を見せる。その年の七月、二人は再び結ばれるのだ。

きっかけは、中絶手術から三カ月後、愛が母親の夏美と些細《ささい》なことでぶつかってケンカとなったことだった。彼女は、後先考えずに子供たちをつれて西中の実家を飛び出した。その際に転がり込んだのが、遼の暮らすアパートだった。そこで二人はもう一度やり直そうと話し合い、二度目の入籍となったのだ。

よりによって、なぜ遼とだったのか。愛は語る。

「だって、遼君、今度こそちゃんと仕事するって言ってくれたから……暴力とかもしないって約束してくれた。それに、子供たちにとってもちゃんとお父さんといるっていいことじゃないですか。真多偉も喜ぶし……だから、もっかい暮らそうってなったんです」

前回の結婚生活を考えれば、うまくいくわけがないことは自明である。案の定、二度目の結婚生活は、前回よりも荒《すさ》んだものとなった。

遼は、働くというのは口先だけで、バイトをはじめてもすぐに辞めてしまい、フラフラと遊び回ってばかりいた。愛が不平を漏らせば、前よりも激しく暴れ回った。殴る蹴《け》るは当たり前、愛の腹部を殴って肋骨《ろっこつ》を折り、病院送りにもした。しかも、我が子にまで怒りをあらわにするようになり、怖がって泣きだす三歳の真多偉に向かって「おめえは黙ってろ！」と怒鳴りつけた。

また、お金に困った遼は、たびたび盗みもした。以前から手癖は悪かったが、この頃になると見境なく人のものに手を出した。愛の妹の恵子は、自身の体験を次のように語っている。

「遼はクソみたいな男。私もさんざん被害にあった。一度、実家でイッちゃんたち家族と会ったことがあったんですよ。しばらく話をして別れたんですけど、途中のコンビニで財布開けたら金が抜き取られてなくなってた。それでアタマきて、すぐイッちゃんに電話して『遼じゃないの？』って言ったんです。イッちゃんが調べたら、金ないはずなのに遼の車のガソリンが満タンになってたって。

ふざけんなですよ。それで私が『遼に何とか言ってよ！』って怒ったら、イッちゃん『うん』って答えたけど、何にも言わなかったみたい。殴られるからじゃない。それで、イッちゃん、お給料日に自分で返してくれたんです。遼ってしょっちゅうこんな感じでした」

家庭内暴力にせよ、盗み癖にせよ、遼からは倫理観が決定的に欠落していたと言わざるをえない。

それでも一応の言い分はあるようで、彼は夫婦喧嘩《げんか》が絶えなかった理由をこう語る。

「一回目（の結婚）もそうだったけど、あいつ（愛）は浮気ばっかかなんだよ。いっつも男。俺、あいつの浮気現場押さえたことあっからね。

詳しい日付は忘れたけど、ある日、あいつ夜中にコンパの社長に呼ばれたからって家を出ていった。なんかヘンだなって思ってたけど、俺は子守で家にいなきゃならなかった。そしたらしばらくして、俺のダチから携帯に電話あって、おい、おめえのヨメ、男といるぞ、って言われた。

俺は、なんだよ、それ、ってソッコー車に乗って、大浜って場所に行った。そしたら車が一台止まってて、その中で俺の高校の時のダチとやってたんだよ。そのダチってのが最初に俺と愛を引き合わせた山田ね。なめてるよな。俺、ムカついてその場で『何やってんだ!』って言ったら、あいつ、黙りこくってた。

こんなことしょっちゅうだよ。コンパの仕事でだって、男とやりまくってたんだろ。あいつ、俺が家庭を壊したとか言ってるみたいだけど、実際はあいつだってムチャやりまくってんだよ」

こんな関係でも、二人は性生活をつづけていた。そして同居してからほどなく、子供ができていることを知る。愛にとっては、五度目の妊娠だった。

この時も、愛に出産の意思はなかった。遼の乱暴さに嫌気がさし、心の底では別れることを決めていたのだ。それでも、アパートでの暮らしをつづけていたのは、夏美のいる実家に帰ることを躊躇《ためら》う気持ちがあったからだ。

愛は中絶を決めたものの、問題は手術費用だった。半年ほど前にも手術を受けたばかりでお金がまったくなかったうえに、遼が免許取り消しになって自動車学校に通い直していたのだ。とりあえず愛が、毎月の給料から少しずつ費用を貯《た》めていくしかなかった。

Oクリニックを受診したのは、妊娠五カ月目の秋だった。高校三年で妊娠した時、医師から中絶可能な時期は二十二週までと言われたのを覚えていて、それまでに何とか十万円を用意した。

診察室で調べてみると、胎児が双子《ふたご》であると判《わか》った。しかもOクリニックでは、安全だと言われる十二週までの初期の手術しか受けつけておらず、それ以降の中期の手術となれば伊東市にある総合病院の産婦人科でなければ行えないという。

医者は告げた。

「中期中絶の費用は、初期の手術以上に費用がかかるんだよねぇ。しかも双子でしょ。たぶん伊東の病院なら四十万円以上するなぁ」

愛は、医師の言葉に愕然《がくぜん》とした。どんなに金策に走ったところで、そんな大金は手に入らない。もはや、産むよりほかに道はなかった。

二〇一二年四月、愛は病院で難産の末に双子を出産した。二人とも男の子で、竜司《りゅうじ》と虎司《とらじ》（ともに仮名）と命名された。未熟児だったこともあって、保育器の中に入れられて数週間入院することになった。

愛は産後一週間で一足早く退院したが、遼のいるアパートではなく、そのまま夏美の住む実家へと帰った。暴力を受けながら、自分一人働いて四人の子供の育児までするのは無理と判断したのだ。むろん、妹たちからもそう諭されていた。そこでひとまず、実家に身を寄せて生活を立て直すことにしたのである。この時、夏美は西中から事件現場である高馬の借家へ引っ越していて、愛は一階にある四畳半の部屋に間借りすることになった。

実家で暮らしはじめると、夏美からまた生活費を要求され、手当の振り込まれる通帳を奪い取られた。こうなるとわかっていながら実家にもどったのは、頼りにできるのが母親しかいなかったからだ。コンパの仕事で出会ったセックスフレンドは常に五人から十人ぐらいいたのに、誰一人として手を差し伸べようとする者はいなかった。

やがて双子の赤ん坊が退院して、高馬の家にやってきた。ここで想像もしていなかった事態が起こる。双子の兄・竜司が生まれつき病弱で、しばしば原因不明の高熱に見舞われたり、すぐ嘔吐したりする症状が出たのだ。また、自己免疫《めんえき》疾患でもあったのか、乳児には珍しい脱毛症にもなった。

愛は必死に竜司の世話をしたが、仕事の都合で夏美に頼まなければならないこともしばしばだった。だが夏美は、もとより親身に協力してくれる人間ではなかった。機嫌がいい時は市外の病院まで付き添ってくれるが、悪い時は愛を責め立てる。

「なんで私がこんなことしなきゃならないの！　私に面倒をみさせるなら、ちゃんとお金を出しなさい！　あと、生活費だってもっと必要よ！」

こうした生活の変化は、愛にとってかなり厳しいことだったろう。アルバイトやコンパに明け暮れていたとはいえ、彼女にとって無条件で自分を必要としてくれるのは子供たちだけで、家にいる間の唯一《ゆいいつ》の慰めはその子たちと触れ合う時間だった。

とりわけ長男の真多偉は、四歳になって余計に愛に甘えて離れようとしなくなっていた。愛もそんな真多偉を溺愛《できあい》して一緒にいる時はずっと抱きしめ、寝る時も朝まで肌をくっつけ合った。もちろん他の子供への愛情も変わらず、時には二人も三人もいっぺんに抱えて庭で遊んだり、お風呂《ふろ》に入ったりした。竜司の病気は、その日々の小さな幸せまで奪ってしまったのである。

愛は、こうした現実に自分一人でうまく向き合っていくことができずに、ますます男性にのめり込んでいくようになる。セックスフレンドの一人だった山田は、裁判所に提出した書証で次のように述べている。

「僕と愛さんは都合のいいセックスフレンドでした。僕の側に恋愛感情はまったくなく、会いたい時に会ってセックスをするという、それだけの関係です。

最初の出会いは、以前郵便配達の仕事で愛さんの家に行った時のことでした。そこで『かわいいね』と声を掛けられ、連絡先を交換したのがはじまりです。その時は特に体の関係になることもなく、後の結婚相手となる遼君を紹介しただけでした。

それから何年か経《た》ったある日、下田市内の居酒屋に行ったところ、愛さんがコンパのお客さんとお酒を飲んでいました。その時に久々に言葉を交わして、遼君と離婚したこととか、今はアルバイトで子育てをしていることなどを聞かされ、電話番号を交換して別れました。その後、愛さんからすぐに携帯に連絡があり、会ってセックスをするようになったのです。

会う時は僕から誘うのではなく、愛さんから電話をかけてきました。下田駅前のロータリーで待ち合わせして、そのまま車の中でセックスするような流れです。車は自分の白いセルシオか、母のものをつかってました。何度か居酒屋に行ったこともありますが、すぐにセックスしていた方が多い気がします。避妊はしていませんでした。

『ピルを飲んでいるから中出ししていいよ』と言われたので、そうしていたのです。大丈夫だと言われてたので、僕の方から避妊する必要はないと思ってました」

彼女は高馬の家に移り住んだ頃から、例のOクリニックでピルを処方してもらっていた。双子を出産したこともあり、さすがにこれ以上の妊娠は避けなければならないと考えを改めたのだ。

だが、不規則な生活ゆえ、飲み忘れることがしばしばあったようだ。通常、ピルは一度飲み忘れると、翌日に二日分服用しなければならないのだが、それを怠ったうえに、男性にコンドームをつけさせていなかったのだ。これでは妊娠するのも当然である。

こうしたなかで、愛は一件目の死体遺棄事件を起こすことになる。それは、彼女のセックスフレンドに、藤野丈太郎(仮名)という一人の男が加わったことが原因だった。

二〇一五年、下田

日中の下田は港町だけあって、陽が燦々《さんさん》と射《さ》し華やぐような雰囲気につつまれるが、夜になると吹きつける風は冷たくなり、町は別の顔をのぞかせる。伊豆急下田駅の周辺に建ち並ぶキャバクラの看板が点滅し、スナックからは歌声が聞こえてくるようになるのだ。

こうした通りに夜の七時を過ぎて続々と集まってくるのは、昼間とはまったくちがう顔ぶれだ。暴力団風の中年男やドレッドヘアの若者、それに胸の谷間をやたらと強調する服を着たホステスと思《おぼ》しき女性たちである。

下田は伊豆半島の南部では一番大きな町だ。そのため、観光客や地元の男たちを狙《ねら》った水商売の店が蝟集《いしゅう》していて、若い女性が働くラウンジや外国人パブ、それに若者たちのたまり場となるクラブまでそろっている。もっとも地方の港町だけあって、店も店員もどこか垢抜《あかぬ》けない。

これらの店に出入りする男女は、地元で生まれ育った不良が大半だ。中学や高校の先輩から紹介されて働いたり、遊びにきたりしているので、みんなどこかでつながっていて顔や名前を知っている。愛もコンパニオンとして夜の町で働いていた頃は、多くの知り合いに囲まれていた。

私はこの田舎の繁華街を歩いてみて、既視感を覚えずにはいられなかった。先に取り上げた、「厚木市幼児餓死白骨化事件」の舞台となった本厚木、そして後に述べる「足立区ウサギ用ケージ監禁虐待《ぎゃくたい》死事件」の舞台となった竹の塚とあまりに似ていたからである。

駅前には歓楽街が広がり、郊外の住宅地には貧困が蔓延《まんえん》している。そこで、家庭環境に恵まれなかった者たちが高校を中退して十代で子供を産み、夜の町でホステスとして働きながら、やがて我が子を殺《あや》める、というおおよその図式だ。そうしてみると、この風景が多くの若者にとって、闇《やみ》に閉ざされた行き先のない路地のように見えてくるのだった。

この晩、私は繁華街にある和風クラブのカウンターにすわり、ウイスキーをロックで飲んでいた。店内には生け花や日本人形が飾られ、お香の煙が漂うなかで丸い紙風船のようなライトが赤く灯《とも》っている。ママは、一目で水商売とわかる茶髪の五十代ぐらいの女性で、他に客は一人もいない。

私が裁判の合間を縫ってこの店を訪れたのは、二〇一五年五月二十六日に静岡地裁沼津支部で行われた第二回公判での被告人質問がきっかけだった。証言台に立った愛が、殺害、遺棄した二人の嬰児《えいじ》の父親について尋ねられ、涙ながらにこう言ったのだ。

「(殺した)お腹《なか》の赤ちゃんが、誰の子かわかんなくて……もしかしたらっていう人はいたかな……。でも、はっきりわかんないです。二度ともわかんない。そいだから、家族に言えなくて、絶対産めないって思っちゃいました」

検事に、当時どれぐらいの男性と肉体関係にあったのか尋ねられた愛は、「そうかも」という男性だけで五、六人の名前を平然と挙げ、他にも多数の男性と関係があったことをほのめかした。

二〇一三年の一件目の事件と、翌年の二件目の事件とでは、わずか一年二カ月の間しかない。それなのに、出てくる男の名はほとんど異なるうえ、職業も年齢もまったくバラバラだった。私は傍聴席でそれを聞いて、愛の「夜の顔」に啞然《あぜん》とするとともに、彼女が下田の歓楽街でどのように生きていたのかを調べようと思い立った。

カウンターの向こうで、ママはおつまみを小皿に盛って出すと、私の勧めに応じて自分のグラスにもビールを注いだ。私は、彼女がこの店の経営者であると同時に、コンパ会社の社長も務めていることを事前に突き止めていた。愛が勤めていたYコンパは住所も連絡先も非公開だったが、同業者なら何かしら知っているだろうと考えたのだ。

カウンター越しに十分ほど雑談を交わした後、身分を明かして高野愛のことを調べているのだと告げた。事件は下田でも大きく報じられたため、地元で知らない人はいないはずだ。

ママは、グラスのビールを舐《な》めるように飲んでから口を開いた。

「Yコンパの高野愛でしょ、知ってるわよ。Yコンパの社長の有可里《ゆかり》（仮名）は、昔うちで働いてて、そこから独立したの。だから付き合いがあったのよ」

私はおつまみを口に入れ、まずはYコンパについて質問してみる。

「普通のコンパよ。下田では旅館の宴会の他に、地元の企業や組合のイベントなんかもけっこうあって、そういうところにコンパニオンが呼ばれるの。Yコンパは事務所もホームページもないでしょ。この仕事は、個人的な伝手《つて》で注文を受けるから、公開する必要はないのよ」

社長の有可里は、そのなかでも目立つ存在だという。

「有可里はけっこう気性が荒い感じの子ね。だみ声でガーって押してくる感じで、すごいわよ。若い時にうちで働いてた時分から、何度かトラブルを起こしたこともあった。でも、逆に言ったら、勢いがあるから社長としてはやり手なのかも」

そしてママは、高野愛を知ることになった経緯をこう話した。

「最初はうちでヘルプで働いてもらったのよ。夏とか年末の忙しいシーズンって宴会があっちこっちであるから、コンパニオンが足りなくなっちゃうことがあるの。そんな時は、別のコンパに頼んで、空いている子を貸してもらう。そうやって私が有可里に頼んだ時に、高野愛が何度か来たの」

コンパ会社同士、持ちつ持たれつの関係なので、ヘルプではきちんとした女の子を貸すのが礼儀らしい。それこそ互いの信頼関係にかかわってくることだからだ。ヘルプを頼んだ際に愛が送られてきたということは、それだけ社長の有可里に信頼されていたということだ。

「高野愛は、愛嬌《あいきょう》をふりまくのは上手な子だったわ。だけど、正直言ってあの子にはいい思い出があんまりないの。外見が美人じゃないっていうのは、まぁ仕方ないんだけど、問題はコンパニオンのくせに酒に飲まれちゃうこと。お酌をしなきゃいけないのに、自分でもガブガブ飲んでさっさと酔っ払っちゃう。それを喜ぶお客さんならいいけど、そうじゃないお客さんだとクレームの原因になるからね」

ママは煙草《たばこ》をくわえ、静かに火をつけた。お香の煙に煙草のにおいが混じる。

店の壁をふと見ると、コンパの女性たちが笑顔で写っている写真が飾ってあった。みな二十代から三十代前半といった年齢だ。下田では割のいい仕事がないため、愛のようなシングルマザーがダブルワークとして勤める場合も多いらしい。

私はウイスキーを飲みながら、愛の男性関係について知っているかと尋ねた。

「その噂《うわさ》はいろんなところで聞いたことあるわね。まぁ、こういう商売だからそういうこともちょっとはあるだろうけど、あの子はそのレベルを越えてたんだと思う。私の耳にまで入ってくるぐらいだったから。噂っていうのは、単純に『やりマン』ってことよ。仕事で一緒になったうちの女の子から、あの子が男と手当たり次第やってるらしいって話を聞いたわ。お客さんの方から、『あの子がやらせてくれた』とか言われたこともあったみたい。それは、地元の男たちも知ってただろうから、裏じゃ『あいつはやらせてくれるらしい』って噂になってたんじゃないかな」

地元の男が愛につきまとっていたことも、よくあったそうだ。

「クラブやバーやスナックには、地元の若い子がよく遊びにきてるでしょ。コンパの二次会じゃ、そういう店に流れるから、そこで地元の男と知り合ったりするんだと思う。そういう男はみんな横でつながってるから、簡単にセックスさせたりすれば、すぐに噂になって次々に男が群がってくるわけ」

私は、Yコンパが二次会で頻繁につかっていたキャバクラを訪れた時のことを思い出した。テーブル席ではホステスに囲まれて観光客が酒を飲んでいたが、カウンター席は明らかにホステスたちの友人や先輩と思しき、地元のガラの悪い男たちのたまり場と化していたのだ。

店のホステスによれば、逮捕前、愛はこの店によくアフターでやってきてはソファーで酔いつぶれて眠っていたという。コンパの客やカウンターの不良が、そんな彼女を「お持ち帰り」したことは想像に難くない。まるで熟れて落ちた果実に群がる蟻《あり》のように、男たちが集まっていたのではなかろうか。そして彼女も、その身を食い散らされることに、一種の快感を覚えていたのかもしれない。

私はウイスキーのお代わりを頼んだ。ママが慣れた手つきで氷を砕き、ボトルから琥珀色《こはくいろ》の液体を注ぐ。私はグラスを受け取って軽く口をつけてから、「藤野丈太郎」という人物を知っているかと尋ねた。ママの表情がにわかに曇る。

「どうして丈太郎のこと知ってんの？」

裁判で名前が挙がったのだ、とつたえる。

「丈太郎はもともと暴力団員だった男よ。昔から事件ばかり起こして刑務所とシャバを行き来してて、ここらへんじゃ知らない人はいないわ。年は四十二、三かな。ちょっと前まですぐ近くで外人ホステスをつかった『ぼったくりバー』をやってたけど、今は閉めて大阪だったか兵庫だったかへ行ってるって話。また何かやらかして、逃げてんのかもしれないわね。そうそう、たしか有可里は、丈太郎と同級生だったはずよ。今回の事件に丈太郎がどう関係してるの？」

裁判では、愛が関係を持っていた男性の中に丈太郎がいたことが明らかになっている。そして一件目の事件の犠牲となった子が、二人の間の子かもしれないと議論されていた、と私は説明した。

ママが眉間《みけん》にしわを寄せて、「もう一杯ビールをご馳走《ちそう》になっていい？」と訊《き》く。

私はうなずいた。彼女はグラスにビールを注ぎ、小さくため息をついてから言った。

「実は、私、あの事件の犠牲になった子がお腹にいるのを見たことがあるのよ。一回目の事件が二〇一三年の七月ならまさにそうだわ……。ただ、それが原因で有可里とケンカになったんだけど」

彼女が新しい煙草に火をつけた。

「あれは四月になるかならないかの頃だったかな。忙しくて女の子がぜんぜん足りないことがあったのよ。それで有可里に電話してヘルプで貸してって頼んだら、やってきたのが高野愛だった。これまでも何度かつかったことあるから顔は知ってたけど、体を見てびっくりよ。妊娠してるってわかるぐらい、はっきりお腹が膨れてたんだもん。私がお腹を指さして『それって太ったんじゃないわよね』って訊いたら、彼女は『すいません、できちゃってるんです』って答えたの。妊娠六カ月とか、七カ月ぐらいにはなってたはず」

時期的にまちがいなく、一件目の事件の時のことだ。私はウイスキーを飲んで喉《のど》を湿した。ママが煙草を指に挟んだままつづける。

「私の立場からすれば、ふざけんじゃないわよ、って感じよ。よりによって他店のへルプに妊婦を送るなんてどうかしてるでしょ。ほんとバカ。でも、この時はもう別の子に換えてもらう時間もなかったから。しょうがなく仕事に向かってもらったの。やっぱりこの日も、かなり遅くまで飲んでたんじゃないかな。私の方は顔に泥を塗られたような気持ちで、あとで有可里に電話して二度と妊婦なんて送ってこないでって怒鳴りつけて、それ以来高野愛ともかかわりを持つのをやめたの。あの子だって妊娠してたら、自分がコンパニオンとして使い物にならないって考えて、仕事をセーブするのが普通じゃない。そうしないっていうのは、よっぽど常識がないってことよ」

妊婦に酒を飲ませて夜中まで連れ回す客も客だ。夜の下田の狂気を聞かされている気持ちだった。

私は質問を変えた。

——事件が報道され、高野愛さんが容疑者だと知って、どんなふうに思いましたか。

「変に聞こえるかもしれないけど、『下田じゃありうる事件』って感じがした。他人《ひと》事《ごと》じゃないっていう感じ……。東京のことは知らないけど、下田なら高野愛みたいに生活に困っているシングルマザーなんて数えきれないほどいるわ。若くしてデキちゃって結婚したものの、数年で離婚。仕事がなくビンボーっていう子。彼女たちにしてみれば、コンパの仕事でしか飲みに行くとか遊ぶってことができない。一種の逃げ道ってわけ」

ママは煙草の先を見つめ、言葉を選んでつづける。

「事件で高野愛のことを知って、自分と同じじゃんって思った子、下田にはけっこう多いと思う。でも、それが今の時代じゃないかな。だから、あの事件は赤ちゃんが二人も殺されたのに、下田ではあんまり話題にならない。他人事じゃないから、その話に触れるのが怖いっていう感覚があるんだと思う。それを深く知るってことは、自分の堕《お》ちた姿を見るようなもんだからね」

私はグラスを手に取ったまま、黙っていた。ふと脳裏を過《よぎ》ったのは、毎年報じられては忘れられていく何件もの嬰児殺し事件だ。

女子高生が公衆便所で出産して赤ん坊を放置した事件、若い女性が産んだ子供をゴミの収集所に捨てた事件、未婚の女性が臍《へそ》の緒《お》のついた子を産院の前に置き去りにした事件……。高野愛の事件を取材している間にも、愛媛県で三十代前半の無職女性が五人の乳児を殺害して隠していたことが明らかになった。

新聞やテレビではこうした事件がほぼ数カ月おきに報じられるが、どれも大した話題にはならずに消えていく。その背景には、大勢の若者にとってあまりに身近で、考えれば考えるほど自分の現状と重なるということがあるのかもしれない。

ママは、吐いた煙草の煙を見つめながら言った。

「まぁ、私だって人のこと言えないけどね。同じような女よ」

店を構えて、コンパ会社まで経営しているのに、なぜそんなことを言うのか。私が尋ねると、彼女は自嘲《じちょう》するようにフッと笑った。

「そりゃ、私はがんばって子供を育てたわよ。それこそ、何だってやってきた。でも、ようやく成人した息子に、この店を継がせようって矢先に、ある出来事が起きてその子の首から下が麻痺《まひ》して動かなくなっちゃったの。今じゃ、トイレも食事も、自分一人じゃできない。ここまでやってきたのに、これからずっと、私はあの子の面倒を見ていかなきゃならないのよ……」

ママはため息をついて煙草を灰皿に押しつけると、ビールを飲み干した。話のつづきを待ったが、彼女は語ろうとしない。

ＢＧＭのかかっていない店内は、不安になるほど静まり返っている。私は喉に苦いものを感じてウイスキーで流そうとしたが、いつまでも澱《おり》のように溜まりつづける感じがした。

怪物の子

愛が藤野丈太郎と出会ったのは、二〇一二年の春頃のことだった。

その日、夕方からコンパの仕事に出ていた愛は、早めに終わったので下田駅前のスナックへ向かった。その場で、Yコンパの社長の有可里に業務終了の報告をすることになっていたのである。有可里は、家に送るにはまだ早いと思ったのか、愛を近くのバーへ誘う。その店に居合わせたのが丈太郎だったのだ。

丈太郎は身長が百八十センチ以上あり、体重も百キロを超す巨漢だ。背中から腰、そして足にいたるまで大きな刺青《いれずみ》が施されていて、地元では「酒を飲めば人をナイフで刺す男」と言われて恐れられていた。金色のネックレスをじゃらじゃらつけて頭を刈り上げた姿は、暴力団員そのものだった。

愛も丈太郎の悪い噂は知っていたから、できるだけかかわりたくないと思った。だが、有可里に紹介されて同じテーブルにつき、その場で連絡先を訊かれれば答えざるをえない。丈太郎が愛に近づいたのは、彼女が「やりマン」と呼ばれているのを知っていたからではないだろうか。その日以降、彼は頻繁に電話で愛を呼び出しては、相手の意思すらたしかめずに性行為を強要した。愛は断ることもできず、誘われるたびに応じた。

丈太郎を知る人物は言う。

「丈太郎は怪物みたいにムチャクチャな奴《やつ》ですよ。電話に出なかっただけで家に火をつけるような人間なんです。レストランの飲み食いだって全部タダ。その場にいる別の人が払うか、そうでなければ店側がビビって何も言えないか。そんな感じで、下田ではみんな彼に従うしかありませんでした。

高野愛もそうだったと思いますよ。丈太郎からの呼び出しを受けて、『やらせろ』って言われたら、嫌だなんて断れるはずがありません。一回そういう関係になれば、丈太郎は飽きるまでセックスの道具として利用するでしょう。彼女はそういう状態から抜けられなかったんじゃないかな」

丈太郎の傍若無人な行動は、取材を進めれば進めるほど明らかになった。愛と丈太郎がどんな関係だったのかを如実《にょじつ》に示すエピソードがある。

二人が知り合った年の十一月、愛の産んだ双子の兄・竜司が、生後わずか半年余りで急死するという悲しい出来事が起きた。ある日、うつぶせになって眠っている竜司を起こそうとしたところ、呼吸が止まって冷たくなっていたのだそうだ。愛はすぐさま病院へ運んだものの死亡が確認された。警察が行った解剖によっても、死因はわからなかった。

高馬の借家では、竜司の葬儀を行うかどうかで議論になった。実家に暮らしていた愛は、夏美にお金を奪われつづけていて蓄えがなく、「お葬式なんてできないよ」と消極的だった。だが、恵子と文子に「お姉ちゃんの子供でしょ。最後ぐらいお葬式してあげなよ」と強く諭され、愛は親戚《しんせき》に約二十万円の借金をして葬式を出すことにする。その一部は、夏美からも借りた。

通夜《つや》はしめやかに行われ、夜は竜司を布団《ふとん》に横たえた。愛と文子が線香の火を絶やさないように枕元《まくらもと》に寄り添っていると、夜半になって、家の前に一台のタクシーが止まった。降りて来たのは泥酔《でいすい》した丈太郎だった。彼は酒のにおいを漂わせ、勝手に家に上がってきた。

親族の一人が語る。

「丈太郎は家に上がり込んでくると、酔っ払ってさんざん意味不明なことを叫んでました。十字架のネックレスを外したら死ぬとか、本当によくわからないことです。ポケットから何やら薬を出してきて、『精神安定剤だから飲め、楽になるぞ』とか言ってわたそうともしてた。ドラッグかもって思ったけど、中身はわかりません。愛は帰ってくれとも言えず、オロオロしてました。

丈太郎は好き放題に騒いだ挙句、『眠くなったから寝る!』と言い出して、いきなり竜司の布団に入って寝ようとしました。竜司の遺体と一緒に寝ようとしたんです。愛と文子の二人はさすがに『竜司がかわいそうだからやめてあげて』って泣いて頼んだけど、丈太郎は『うっせんだよ!』と言って聞かずに、そのまま本当に眠っちゃいました。

それからしばらく経って、タクシーの運転手が迎えにやってきました。彼は丈太郎のパシリみたいな男で、いつも呼び出されてただでいろんなところへ行かされてました。丈太郎は運転手に起こされると、それがムカついたみたいで『おめえ、竜司に線香あげてやってねえだろ!』と言いだした。運転手がわけがわからずに黙っていたら、丈太郎はなんで謝らねえんだって彼を殴りはじめたんです。もう、お通夜の席は台無し。愛はこんなことをされても、文句すら言うことができなかったんです。

丈太郎が暴れた理由? そんなのあるわけないじゃないですか。いつもこんな感じなんです。だから、愛が丈太郎に言われるがままだったっていうのが想像つきますよね? 彼女にしてみれば、口答えしただけでぶん殴られるって思っていたはずです」

愛は夜の町で生きるうちに、怪物のような男に付きまとわれるようになったのだ。一件目の事件は、そうしたなかで起こる。

年が明けて間もなく、愛は生理が止まっているのに気づく。妊娠だった。体の関係を持った男の顔が愛の脳裏を次々と過ったが、夏から秋にかけてもっとも頻繁に関係を持ったのは丈太郎だった。彼の子かも……。

愛は誰にも丈太郎との関係を話していなかったし、家族に打ち明ければ「よりによって、なんであんな奴と！」と罵《ののし》られるのは明らかだった。むろん、丈太郎に相談したらどうなるかわかったものではない。できるのは、誰にも言わずに中絶し、何事もなくすませることだけだ。だが、愛は竜司の葬式で借金を重ねていたため、金銭的余裕はまったくなかった。

恵子は、この時の姉の気持ちを代弁する。

「イッちゃん、苦しかったろうなぁって思う。お母さんやおばさんにも頼めないでしょ。丈太郎の子って思ったら、私たち妹にだって言い出せない。結局、いろんな男とやっちゃった罰なんだろうけど。

昔からイッちゃんって自分で問題を抱えるだけ抱えて、どうにもならないと頭が真っ白になっちゃうんです。思考が停止するっていうんですか。全部なかったことにしちゃう。あの時も、そうだったんだと思いますよ」

家族や友人に妊娠を打ち明けられないまま、一カ月、二カ月と過ぎていく。愛は公判で「最初はどうしようって悩んでた。でも、なんか途中からよくわかんなくなっちゃって」と語っている。おそらく恵子が言うように、「思考停止」の状態に陥ったのだろう。

月日が経つにつれ、お腹はどんどん大きくなっていったが、愛はバレたくないというだけの理由で「最近太った」と言い張った。そのせいもあって、夏美も恵子も文子も、そして子供たちも誰一人として妊娠に気がつかなかったのである。

ただし、先に紹介したコンパ会社のママが察したのに、家族がなぜわからなかったのかという疑問は残る。それはおそらく、愛の服装が関係していたのだろう。コンパの仕事では、決められたタイトな衣装を着なければならず、胴回りの太さは一目瞭然《いちもくりょうぜん》だった。実際、私も出産一カ月前の、コンパの制服を着ている写真を見たが、お腹の膨らみは明らかだった。

ところが、自宅ではいつもジョナサンの制服とエプロンを身に着けたままで、朝六時過ぎに家を出て帰宅は深夜という生活だ。加えて、夏美の性格を考えれば、気づかなかったとしても不思議はない。

とはいえ、愛にしたって三児の母であり、いくら隠したところで、出産の日がくるのはわかっていたはずだ。彼女は、当時の心境を次のように語った。

「ずっと、どうしよう、どうしようって感じ……。これまで、お産の時は（陣痛）促進剤っていうんですか？　あれをつかってたんで、私ってそうしなきゃ産めない体なのかなーって思ってました。だから、今回も赤ちゃんは出てこないで、病院に運ばれちゃうかなーって。

病院に運ばれたら、妊娠はバレちゃうのはわかってた。でも、お母さんとか妹とか、やさしいから、なったらなったで（出産を）認めてくれるだろうなって思ってました。みんなで育ててくれるって」

きっと彼女はこれまでも困難にぶつかった時は、こうしたものの考え方をしてきたのだろう。たぶん何とかなる、誰かが何とかしてくれる、と。

だが、思い通りにいく出産などあるわけがない。

「天井裏の子」

二〇一三年の七月、愛のお腹に陣痛の痛みが走った。彼女は詳しい日付を覚えていないが、ジョナサンでの勤務を終えて、高馬の家に帰って休憩している夜のことだったという。数分間隔で襲ってくる重い痛みは、これまでの経験から間違いなく陣痛だとわかった。これまで目をそらしてきた事実と、否応《いやおう》なしに向き合わなければならなくなったのだ。

愛はリビングで遊ぶ子供たちをよそに、自分は四畳半の部屋に閉じこもり、布団に横になって痛みに耐えた。「どうしよう、どうしよう」という思いが頭の中を駆け巡る。壁を隔てたところに夏美はいたが、こんな事態になって話せば余計に怒られるという恐《こわ》さから、言い出す勇気が湧《わ》かなかった。

夜が更《ふ》けると、子供たちが眠たそうに目をこすって四畳半の部屋に入ってきた。愛は平静を装《よそお》って電気を消し、子供たちを布団に入れて寝かしつけた。その間も陣痛は波のように襲ってきていた。三分に一度の陣痛が、二分に一度になり、一分に一度になる。午前零時を過ぎた頃には子宮口が開き、横になっていることができないほどの痛みになっていた。それでも愛は歯を食いしばり、隣で眠る子供たちや、リビングにいる夏美に気づかれないようにしていた。

陣痛が限界に達したのは、午前一時ごろだった。胎児が出てくる感触があり、「生まれるかも」と思った。愛は下着をずりおろし、下腹部に思い切り力を入れた。その直後に、大きな塊が羊水とともに音を立てて布団の上に落ちた。

愛はそのまま崩れ落ちて動けなくなった。赤子も見ていない。しばらくして少しずつ下腹部に力を入れ、体を起こしてみる。暗がりでも、血がついた布団カバーの上に赤ん坊が横たわっているのが見えた。だが、「泣いてる感じもしなかったし、動いてなかったみたい」らしい。

しばしの間、愛は呆然《ぼうぜん》と見下ろしていたが、赤ん坊が産声《うぶごえ》を上げることはなかった。愛は「死んでる」と勝手に解釈した。そして、隣の布団で何も知らずに眠っている子供たちに「バレないうちに隠さなきゃ」と考えた。

彼女はわずかに残っていた力をふりしぼって立ち上がり、子供たちが眠っているのを横目でたしかめながら、赤ん坊を布団カバーでくるんだ。が、これだけでは不十分と思い、さらにその上から毛布代わりにしていたバスタオルでぐるぐる巻きにした。もし赤ん坊に息があったとしても、この時点で窒息したはずだ。

次にすべきは、くるんだ赤ん坊を片づけることだ。愛は自分の下半身も血で汚れているのに気づき、タンクトップで拭《ふ》き取った。そして、大きな透明のビニール袋にそれらすべてを放り込んで、口の部分を固く縛った。だが、もはや外へ捨てに行くだけの力は残っておらず、立っているだけでもしんどい。彼女は悩んだ末に、ひとまず押入れの引き出しに隠しておくことにした。

すべてを終えて改めて見回してみると、子供たちはすやすやと眠り、他の部屋からも音は聞こえない。愛は疲れ切った頭で、「この赤ちゃんをどうするかは明日考えよう」と思った。そして布団に倒れ込むように横たわると、そのまま朝まで深い眠りについたのである。

翌朝はわずか三、四時間の睡眠で、六時頃に目を覚ました。愛は赤ん坊を押入れに隠したまま、いつもどおりアルバイトに出かけた。一般的に産婦は体力回復などのために五日前後入院する。それを考えれば、気力だけで動いていたのではないか。ジョナサンで働いている最中にも頭にあったのは、「押入れの赤ん坊が腐ったら子供たちが臭《にお》いを気にするかも」ということだった。

夕方になって勤務を終えると、愛《いつみ》は早々に高馬に帰宅した。家は、子供たちが学校や保育園から帰ってくる前で、夏美も弁当屋のバイトに出ていて空だった。何か遺体を隠せるものはないかと家中を捜し回ったところ、白い発泡スチロールの箱（縦三十センチ×横四十センチ×高さ三十センチ）が出てきた。ここに赤ん坊を入れておけば、とりあえずは見つからない。

彼女はその箱を部屋に持ち込むと、押入れに隠しておいた遺体をビニール袋ごと詰め込んだ。とはいえ、単に蓋《ふた》をしただけではにおいが漏れてしまう。そこで、家にあったビニールテープで蓋を留め、密封することにした。

残された問題は、これをどこに隠しておくかだ。子供たちの手の届くところはまずい。部屋を見回すと、押入れの天井板がたまたま外れているのが見えた。あそこなら――。彼女はそう思うと、押入れの中板に上がり、遺体の入った発泡スチロールの箱を押し込んだ。

こうして、頭の上に赤ん坊の遺体がある生活がはじまった。ところで、なぜ愛は遺体を家の中に置いたままにしたのか。近所には山も森もあり、どこかに埋めた方が、においの心配はないし、見つかる可能性も低いだろう。

裁判での供述によれば、彼女も「『天井裏の子』をこのままにできない」と思ってはいたようだ。しかし、いまさら家族に打ち明けることはできないし、警察につかまれば「刑務所に入って子供たちと会えなくなっちゃう」と思った。埋めることは考えたものの、「犬とかが見つけて掘り起こして食べちゃったら、赤ちゃんがかわいそう」と躊躇《ちゅうちょ》した。そうして何週間か迷っているうちに、これまでそうだったように思考停止して、放置することになったのだという。

それにしても、発泡スチロールに入れて天井裏に隠したとはいえ、七、八月という時期を考えれば、数日のうちに耐えがたいほどの悪臭が立ち込めたはずだ。実際、見つかった遺体はどろどろに腐乱して、性別すらわからない状態になっていた。なぜ、家族は誰もこの臭いに気づかなかったのか。

母親の夏美によれば、理由があったそうだ。四畳半の部屋は、もともとゴミに埋もれ、悪臭に満ちていたというのだ。

「愛は昔からまったく片づけができない子なの！　ほんとに散らかしてばっかで汚い。食べかけのご飯とか、うんちのついたオムツとか、飲みかけのジュースとかがあっちこっちにあってものすごい臭いなんです。

私は何度も愛に怒りましたよ！　なんでこんな汚くするんだ、さっさと片づけろ、家が臭くなるじゃないかって。愛はその場じゃ『うん』って言うんですけど、ぜんぜんやらない。たとえば、私が我慢ならなくなってゴミ箱を買ってあげたことがあるんですよ。そしたら、あの子はゴミ箱の上にゴミを載せてた。

こんな状態だったら、私だっていちいち怒るの疲れるじゃないですか！　なんで『もう、あんたの部屋のドアを開けるな！　ずっとドア閉めてろ』って言ったんです。それから愛はドアを閉めててくれたので、臭いはそこまでひどくなかったです」

妹たちも愛のだらしなさについては認めていて、「汚いし臭いから部屋には入らなかった」と語っている。

排泄物《はいせつぶつ》のついたオムツまで放置すれば、吐き気を催すような臭気を発するのは当然だ。それが四畳半の部屋に山となっていたというのだから、常人の感覚では呼吸すらできない状況だったろう。そして、この部屋に散乱する大量のゴミが、結果として遺体の発見を遅らせたばかりか、二件目の事件まで引き起こさせたと言えなくもない。

逮捕後、警察は天井裏の遺体を浜松医科大学に送り、検案ならびにDNA型鑑定を行った。すると、予想外の事実が明らかになった。天井裏に隠された赤ん坊が丈太郎の子というのは愛の単なる思い込みで、父親は別だったことが判明したのだ。

赤ん坊の父親は、かつて郵便局でアルバイトをし、遼を紹介した山田逸平だった。裁判の書証で、居酒屋で偶然に出会って体の関係になった愛を、「都合のいいセックスフレンド」と述べた人物である。

もし父親が山田とわかっていたら、事件を防ぐことはできただろうか。彼は次のように語っていた。

「会えばセックスをする仲だったので、深い話をしたことはありません。子供ができたとか、生まれたとかは聞いていませんでした。もし生まれたところで育てることはできなかったと思うので、教えられても中絶してもらっていたと思います」

「太っただけ！」

一件目の事件が起きた直後の夏休み、高馬の借家では、普段と何一つ変わらない平穏な日々がつづいていた。裏山からはアブラゼミの鳴き声がやかましいほど響き、アゲハチョウやカナブンなど様々な虫が飛んでくる。夏美の下の子供二人と、愛の子供三人は、毎日のように連れだって虫取りをして遊んでいた。

アルバイトも男性との約束もない日の愛は、四畳半の部屋で子供たちと触れ合うことを楽しみにしていた。真多偉は五歳になっていたが、母親と距離を置くどころか、赤ちゃん返りするようにくっついてばかりいた。買い物も、ご飯も、寝る時も、「ママ、ねえ、ママ」と口癖のように言ってついて回り、ちょっとでも寂しくなると抱っこを求めた。愛が夜の仕事に出かけようとすれば、玄関まで追いすがって「行かないで」と涙を流す。

そんな真多偉を、愛は目に入れても痛くないほどかわいがった。家の中でも手をつなぎ、わがままにもずっと付き合った。洋服を選ぶのも、お菓子を買ってあげるのも、誰よりも優先し、暑くて寝苦しい夜はずっとうちわであおいであげた。むろん、その部屋の上には、「天井裏の子」が放置されたままになってはいたが。

近隣住民の話。

「まったくあんな出来事があったとは想像もできませんでしたね。事件が発覚する前までは、何にも変わらなかったですよ。夏休みの朝には裏のお宮さんでラジオ体操があるんですけど、お母さん（愛）はちゃんと車で子供たちを連れてきて最後まで見てました。夜、商売しているので車の中で眠たそうに待っている以外は、変わったことはなかったかな。もちろん、地域の活動に参加しないとかだらしないところもあったけど、それを言ったらお祖母《ばあ》さん（夏美）の方がいつも怒ったりしてて変な印象でした」

夏休みが終わると、愛の体調も元にもどった。彼女はそれを待っていたかのように、再び不特定多数の男性とのセックスにふける生活をはじめた。まるで、「天井裏の子」の存在を忘れてしまったかのごとく。しかも、その顔ぶれは、一件目の事件の前とすっかり変わっていたと言っても過言ではない。いくら水商売をしていたとはいえ、多忙ななかでどうやってこれだけ多くの異性と知り合うのか。

妹の恵子は、あくまでも想像だけど、と前置きしてこう語る。

「下田には、ファミレスがジョナサン一軒だけなんですよ。場所も海の近くでいいじゃないですか。なんで、町の人って外食っていうと、だいたいあの店に行くんです。

コンパのお客さんには、地元の人も多いから、店に行ってイッちゃんと再会するってことはよくあったんじゃないかな。そしたら、『あ、前に宴会で会った子じゃん』ってなるでしょ。それで連絡先を交換して外で会ってたんだと思いますよ」

彼女の不幸なところは、言い寄ってきた男性の大多数がセックス目的でしかなかったことだ。彼女もそれを受け入れていた節があるので安易に同情はできないが、中には真剣に彼女との将来を考えている男性もわずかながらいた。高木恭一（仮名）である。

高木は伊豆半島の、とある市の土地持ちの息子だった。学業を終えてからは地元で公務員として働いていて、周囲からは誠実だと評判だった。二人の出会いは、二〇一三年の一月。高木が職場の知り合いに誘われて下田駅前の居酒屋で行われた三対三の合コンに参加したところ、そこに愛がいたのである。

合コンの席で、愛は離婚歴や子持ちであることを隠さずに打ち明けた。高木はそんな過去を気にするわけでもなく、「愛想が良くて明るい子だな」という印象を受けたという。その日は二次会のカラオケで連絡先を交換しただけだったが、二人はその後メールで連絡を取り合い、デートをするようになった。

初めのうちはひと月に一度会うぐらいで、肉体関係になったのは、半年以上経《た》ってからである。愛にしては珍しく時間をかけているが、ちょうど一件目の事件が七月だったから、お腹が膨らみセックスを控えていたのだろうか。体調がもどってからは、たまっていた欲望を発散するかのように頻繁に逢瀬《おうせ》をくり返した。

高木はこの恋に溺《おぼ》れた。自宅のある町から下田までは、車で二、三時間かかったが、シフト制の三日に一度の休日には、決まって車を飛ばして下田まで会いにやってきた。この年の終わりには、高木は彼女との結婚まで考えるようになっていた。

愛も、高木の真剣な気持ちは感じていて、実家に招いて母や妹たちを紹介し、家族ぐるみの付き合いをした。取材で、二人の妹も「すごくいい人ですよ」と口を揃《そろ》えたし、私自身も話してみて、考え方や受け答えがしっかりしているとの印象を受けた。

もし高木との出会いがもう少し早ければ、悲しい事件を回避することができたのだろうか。彼と結婚していれば、お金に困ることもなかっただろうし、高馬の家から離れて家族だけで暮らすこともできたからだ。

だが、愛は天井裏に赤ん坊の遺体を隠したことで、普通の人生にもどる道を失ってしまっていた。高木の口から将来の話が出るたびに、天井裏の子のことが脳裏を過って話題をすり替えるのだった。もう自分は、日の当たる場所で生きていくことはできないのだ、とでもいうように。そして彼女は高木と交際する裏で、コンパやジョナサンで知り合った男たちとラブホテルに行くのをやめなかった。

二〇一四年の二月、愛は七度目の妊娠に気がついた。またもやピルを飲み忘れたのだ。父親は年末に関係を持った相手だろうが、この時も高木の他に五、六人の顔が浮かび、誰が父親か確信が持てなかった。

この時の心境を語る、愛の言葉である。

「困ったって思いました。お父さんわかんなかったから……。どうしようっては決めてません。でも、天井裏の子のこと考えちゃいました。あの子をあんなところに隠してるのに、後でできた子を産んで育てちゃったら、(天井裏の子が)かわいそう……だから、この子も産めないのかなって」

愛は一件目の事件の苦い経験から、今回は何としてでも病院で中絶しようと考えた。だが、この時も蓄えは底をついていた。

Oクリニックへ行ったのは、四月十四日だった。二カ月を経たのは、彼女なりの考えがあってのことだ。ジョナサンの給料日は毎月十五日で、約十万円の給料から母親に五万円をわたす約束になっていたが、事情を話して支払いを待ってもらい、中絶費用に充《あ》てるつもりだったのだ。とはいえ、単に頼んだだけでは、夏美に罵《ば》詈《り》雑言《ぞうごん》を浴びせられるのは目に見えている。そこで児童扶養手当が四カ月分まとめて振り込まれる四月なら夏美も許してくれるだろうと考えたのだ。

愛は給料日の前日にOクリニックを訪れ、まず検査をしてもらった。この日に中絶の予約を入れ、翌日以降に手術を受けるはずだった。だが、診断をした医師が愛に告げた。

「もう妊娠十八週になっちゃってるなぁ。初期中絶は十二週までだから、うちではダメだよ。もう少し早く来ればよかったのに……。前回も言ったと思うけど、中期中絶なら伊東の病院でやってもらって。紹介状は書くから」

頭を殴られたような思いだった。前回、伊東市の病院での中期手術を勧められた際に、四十万円以上かかると言われたのを思い出した。今回は双子《ふたご》ではないからそこまではかからないにしても、初期の手術の比ではないはずだ。もはや自分で何とかできる額ではない。

愛は肩を落としてOクリニックをあとにし、その後どこの病院へも行くことはなかった。前回同様に逡巡《しゅんじゅん》しているうちに、自分でもどうすればいいのかわからなくなってしまったのだ。そうしている間にも、お腹《なか》はどんどん大きくなっていく。

前年と違ったのは、家族が妊娠を察したことだった。最初に気づいたのは、同居する中学生の異父弟だった。愛の家では子供が多かったため、誰かが風呂《ふろ》に入っていても構わず次の人間が入ってくる習慣があった。ある日、愛が入っている時に、弟が浴室の戸を開けた。弟は愛のお腹を一目見て、妊娠していることに気がついた。彼は風呂から出ると、母親の夏美に告げた。

「お姉ちゃんのお腹、大っきくなってるよ！　赤ちゃんできたみたい！」

夏美は驚いて、上がってきた愛を見ると、たしかに胴回りが太くなっている。妊娠したのかと尋ねる夏美に、愛は嘘《うそ》をついた。

「ちがうよ。ちょっと太っただけ」

「でも、お腹出てるじゃない？」

「だから太ったんだってば！　妊娠してるわけないでしょ。放っておいてよ！」

いつもは寡黙《かもく》な愛が、この時ばかりは大声で否定した。夏美もそこまで言われれば反論できず、「そうなの」と言うしかなかった。

だが、七月も近くなると、誰が見ても妊娠とわかるほど愛のお腹は膨らんでいた。夏美も妊娠を確信し、何度も「できてるんじゃない？」「病院で診てもらった？」と尋ねる。それでも愛は認めようとせず、相変わらず「太っただけ！」と言い張った。

あまりに否定するので、何か事情があってのことなのだろうと夏美は考えた。愛は小さな頃から、自分に何か相談をしたことはない。そこで夏美は一計を案じ、恵子と文子を呼んで事情を話し、二人から愛に確かめるよう頼んだ。妹たちになら真実を打ち明けるだろうと思ったのだ。

恵子は、その時のことをこうふり返る。

「お母さんからはたしかに相談受けましたよ。イッちゃんが妊娠してるみたいなんだけど、ぜんぜん認めないから、代わりに訊いてくれって。

あの頃、私とイッちゃんは子供を同じ保育園に行かせてたんで、送り迎えで毎日会ってました。それでちゃんと見てみたら、やっぱりお腹が大きかった。文子とも『絶対できてるよね！』って言ってたから、みんなわかってたはずですよ。

私が初めてイッちゃんに直接訊いたのは、夏前ぐらいかな。いきなり言ってもお母さんみたいに否定されるでしょ。だから、何気ないフリして『あっ、赤ちゃんできたんだ。高木君の子？　ねえ、名前どうすんの？』って尋ねたの。そしたら、イッちゃん、ブスッとして『太っただけ』って答えてきた。あー、やっぱり正直に言ってくれないんだって感じ。

そりゃ、いろいろ私も考えましたよ。高木君の子じゃないのかな、とか、結婚の話がうまくいってないのかな、とか。訊き方を変えて、『女の子だったらちょうだいね』なんても言ってみた。でも、イッちゃんは『妊娠してない！』ってだけで、怒ってくるほどでした。それで、私も文子も、とりあえず触れない方がいいねって話し合ったんです。まぁ、いつかどうしようもなくなったら打ち明けてくれるはずだから、それまで待ってようって。だから、まさかあんなことになるとは思ってもなかったんです」

交際相手の高木も、愛の妊娠を疑っていた一人だ。出産の直前まで愛とはセックスしていたので、体の変化に気づいていたのだ。だが、愛は家族に対してと同様、高木にも頑《かたく》なに否定し、セックスの際は上着を脱がなかった。

高木の話である。

「僕もお腹のことについてはおかしいと思って、妊娠してるんじゃないかってずっと疑ってました。それである日、勇気を出して『これって妊娠してんの？』みたいに尋ねてみたんです。

イッちゃんは怒った感じで『太っただけだよ！』って答えました。あんまり問い詰めるとそのまま帰っちゃいそうな感じだったし、僕もどこまで訊いていいのかわからなくて、それ以上訊くのをやめたんです。

もちろん、心の中ではその後も疑ってました。きちんと確認できなかったのは、僕の気の弱さが原因なんだと思います。ちゃんと確認していたら事件が起きなかったと思うと悔しいです」

高木が踏み込んで質問をできなかった裏には、もしお腹の子が自分の子じゃなかったら、という不安もあったのではないだろうか。いずれにせよ、母も、妹も、恋人も、愛の徹底した否定によって、黙らざるをえない状況に陥ったのである。

愛は、はち切れんばかりに大きくなったお腹を抱えて何を思っていたのか。彼女は法廷で、こう語っている。

「(妊娠してると)言えなかった理由は……よくわかんないです。お父さんわかんないし、お金もないし、なんか自分じゃずっとどうしようって感じでした。

でも、すごく嫌な気持ちでした……もし生まれちゃったら、この子も隠さなきゃいけなくなっちゃうのかなあって。だって、天井裏の子はあんなふうになっちゃったのに、こっちの子だけ産んだら差別ですよね？　天井裏の子が一人ぼっちでかわいそう。だから、隠さなきゃいけないんだろうって思って、すごく嫌でした」

「押入れの子」

運命の日は、二〇一四年九月二十日の土曜日だった。その日の最高気温は二十一・

四度、空はこの時季らしく晴れわたっていた。

この朝、愛はいつものとおり午前六時過ぎにジョナサンに出勤した。店は六時半にオープンし、時間が経つにつれて少しずつ客席が埋まりはじめた。休日だったこともあって、朝食を摂《と》りに来た家族づれも多かったろう。

愛は大きなお腹を抱えるようにして、店内を歩き回って注文を取ったり食事を運んだりしていた。店がいよいよ混みはじめた午前九時のことだった。客の応対をしていたところ突然、下腹部から「ブチッと音がして、自分じゃ止められない変な水みたいなものが出てきた」のに気づく。破水したのだ。それは股《また》の間から漏れて、あっという間に下着と制服のズボンをぐっしょりと濡《ぬ》らした。

愛はキッチンへ駆け込む。見るとズボンは濡れて色が変わってしまっている。下腹部にずんずんという痛みを感じたので、陣痛がはじまったとわかった。とても夕方まで働くのは無理だ。愛はそう思って店長を呼んだ。

「すみません、実は妊娠してて……破水しちゃったみたいで……」

この時まで、店長にも妊娠のことは黙っていたのである。さすがに店長は驚いた。

「ほ、本当か。早く病院へ行きなさい」

「すみません……」

愛は何度も謝り、制服のままバッグを抱え逃げるように店を出て、裏の駐車場に止めてあった車に乗り込んだ。

ジョナサンを出た愛は、病院へは行かず、そのまま高馬の家へともどった。夏美はすでに弁当屋へアルバイトに出ていて、家では小学校が休みだった娘の万梨阿と夏美の末の娘が留守番をしていた。二人は突然帰ってきた愛に驚いて、「どうしたの?」と尋ねる。愛はとっさにごまかした。

「ママ、お漏らししちゃったの。それでパンツが濡れちゃったから、取り換えに帰ってきたんだよ」

二人は顔を見合わせて笑った。

「へぇ、大人なのにおかしいね!」

このまま家にいたら怪しまれて、夏美に告げ口される。愛は着替えると、何食わぬ顔で万梨阿に「仕事にもどるから」と言い残して再び車で出かけた。

向かった先は、家と伊豆急下田駅の中ほどにある公園だった。その脇《わき》に車を止め、ゆっくり間隔をあけて襲ってくる陣痛に耐えることにした。休日の午前中だ。公園には、遊びに来た親子の楽しそうな声が響いていただろう。愛は運転席のシートを倒し、陣痛が起こるたびに体をくの字に曲げて痛みに耐えた。

少しして、携帯電話のＬＩＮＥに「落ち着いたら連絡くれ」という店長からのメッセージが送られてきた。店は人手が足りず、大変なことになっているだろう。だが、このぶんでは仕事にもどれそうにない。

陣痛の合間に、愛は店長に電話をかけて言った。

「今、病院です。赤ちゃん、お腹の中で死んじゃったみたいで……だから、今日はお店にもどれないです。お休みさせてください」

裁判で愛は、死産だと説明したのはとっさの判断だったと弁明しているが、この電話の内容から、すでに赤ん坊を殺害する意図が多少なりともあったと思われる。

店長が答える。

「そうなのか。わかった。大変だな……。とりあえず、一週間ぐらい何とかするから休んでいいよ。また状況がわかったら連絡してくれ」

電話を切った愛は、次に高木に電話をかけた。この日の夜にデートの約束をしていたのである。愛は電話に出た高木に、「体調が悪いから今日の件キャンセルさせてくれない？　ホントごめんね」と謝った。高木は気づかって「わかった。無理しないでいいからね」と、いたわるように答えている。

公園の脇に車を止めていた愛は、午後の一時半になると保育園に息子二人を迎えに行かなければならないのを思い出した。母親本人が行かなければ、子供をわたしてもらえない規則になっていたのだ。彼女は全身から噴き出す汗をぬぐっていったん家にもどり、娘の万梨阿を車に乗せると、そのまま保育園に向かった。

保育園に着いた時点で、陣痛の間隔は数分おきに狭まっており、平静を装って迎えに行く自信はなかった。途中で陣痛が来てすわり込めば、保育士や他の保護者に気づかれることになる。そこで万梨阿に頼むことにした。

「ごめんね。ママ、ちょっと具合悪いから、万梨阿が二人を迎えに行ってくれないかな。もし先生に子供だけじゃ帰せないって言われたら、ママが行くから」

万梨阿は「うん、いいよ」と答えて車を降り、保育園の中へ走っていった。ほどなくして保育士が、三人の子供とともにやってくる。お加減は、と尋ねられた愛は「はい。大丈夫です」と笑顔で取り繕い、子供たちを車に乗せるとすぐに走り去った。途中、コンビニに寄って、万梨阿に財布をわたしてお菓子と夕飯に食べたいものを買わせてから家にもどったのだ。

家には、夏美が弁当屋のアルバイトを終えて帰宅していた。恵子の子供が遊びに来ていて、今夜は泊まっていくのだという。愛はほとんど言葉を交わさず、子供たちをリビングに置いて、自分一人でさっさと四畳半の部屋に閉じこもった。

夕方になって、部屋はだんだんと薄暗くなっていく。愛は布団に横たわってタオルケットを口にし、歯を食いしばって声を出さないようにして陣痛をこらえていた。時折、頭を過《よぎ》るのは「今生まれちゃったらお母さんにバレちゃうな」ということだったが、陣痛が激しくなるだけでなかなか産気づかない。

夕食の時間になり、子供たちはリビングに集ってコンビニで買ってきたおやつを食べたり、夏美の子の食べ残しをわけてもらったりしていた。その間も、愛は四畳半の部屋から一歩も出ることなく横になったままだった。しばらくして、夏美がドアを開けて顔をのぞかせた。

「なんか、変な声が聞こえるけどどうしたの？」

自分でも気づかないうちに、うめき声を出していたらしい。愛は布団に横になったまま答えた。

「具合悪いの。そっとしといて」

「あっ、そう」と夏美は大して気にも留めず、戸を閉めてリビングへもどっていった。子供たちも何度か顔を出したが、愛はそのたびに「病気だからあっち行ってて」と言うしかなかった。恵子の子が来ていることもあって、リビングからは楽しげな声が聞こえてくる。

午後の十一時を過ぎた頃、リビングにいた三人の子供たちが遊び疲れて四畳半の部屋にぞろぞろともどってきた。床には布団が三枚敷いてあり、一枚に愛と虎司、他の二枚にはそれぞれ万梨阿と真多偉が横たわった。愛は痛みに耐えながら、なんとか三人を寝かしつけると、そのまま体をよじって痛みに耐えつづけた。

最後に夏美が様子を見に来たのは、子供たちが眠りについて間もなくだった。再び壁越しに漏れてくるうめき声を聞きつけたのである。夏美は戸を開けて顔を見せると、不機嫌そうに言った。

「あんた、うるさいわよ！　まだ治んないの？」

「うん……」

「だったら病院行けば？」

「大丈夫。寝てれば治るから」

「なら、いい加減静かにしてよね！」

夏美は娘の言葉をそのままに受け取り、陣痛が来ているとは考えなかったのだ。リビングにもどった夏美は、午前零時過ぎに恵子の子供と一緒に眠りについた。

深夜になっても、お産の気配はなかった。陣痛はすでに十五時間以上に及び、愛の体も心も限界にさしかかっていた。午前一時頃、万梨阿が目を覚まして、「お母さん、うるさいよ」と怒ってリビングの夏美のもとへ行ってしまった。こう言われてはじめて、自分がかなり大きな声を出していることに気がついた。これでは他の子も起こしてしまう。そう考えた愛は午前二時、家の外に出ると、車に移って運転席に身を横たえた。車内で一時間ばかり過ごしたが、不自由な体勢で余計に苦しく、三時には四畳半の部屋にもどる。

お産がはじまったのは、部屋に入った直後だった。愛は万梨阿の布団に横になっていたが、いよいよと思って下着を脱ぎ、四つん這《ば》いになった。この格好がいちばん痛みが和らぐ気がしたのだ。

彼女は奥歯を嚙《か》みしめて最後の力をふりしぼるように、何度もいきんだ。すると、子宮口が広がって赤ん坊がゆっくりと出てくる感触があった。もう少しと思ってさらにふんばると、産道を通って赤ん坊が布団の上に落ちた。後日、夏美が部屋の壁に血がついていたのを目にしているから、分娩《ぶんべん》の際にはかなり血が飛び散ったのだろう。

愛は、ゆっくりと体を起こして布団を見た。そこには血に染まって、「手とか足とかをちょっとだけ動かし」ている赤ん坊がいた。朦朧《もうろう》とする意識の中で、「生きてる……」と思った。このまま放っておけば、赤ん坊が産声を上げないともかぎらない。そうなれば、家じゅう大騒ぎになってしまう。赤ん坊の息の根を止めるしかない——。

愛はそばにあったタオルケットを取ると、それを赤ちゃんの顔にかぶせ、「上から両手でぎゅって押さえ」た。愛の手には赤ん坊の「あったかい」体温や、「下で動いてる」感触がつたわってきた。彼女は手を緩めることなく、「一分か、二分」タオルケットで押さえつづけたところ、ついに赤ん坊は動かなくなった。

安堵《あんど》したのも束《つか》の間《ま》、愛は再び腹部に痛みを感じた。「また赤ちゃんが出てきそうって思ってお腹に力を入れ」ると、後産《あとざん》で紫がかった胎盤が滑り落ちてきた。赤ん坊は臍《へそ》の緒《お》がつながったまま、殺されたのだ。

すぐにでも横になりたかったが、愛にはもうひと仕事残されていた。血だらけの布《ふ》団《とん》の上の赤ん坊や胎盤を、隠さなければならなかったのである。今回は自ら手を下してしまっていた。

彼女は下着をはいてそっと部屋から出ると、夏美が寝ているリビングを通り抜けて台所へ行った。ゴミ捨て用の大きなビニール袋を取ってきて、前回と同じ手順で片づけようと思ったのだ。部屋にもどり、赤ん坊やタオルケット、それに胎盤を入れて口の部分をきつく縛った。

問題は、これをどこに隠しておくかだった。去年は天井裏に置いたが、こんなに夜遅く、押入れに上がって音を立てれば家族に気づかれる。そこで彼女は、押入れの衣装ケースの奥に、遺体の入ったビニール袋を押し込み、洋服を上にかぶせて隠すことにした。いったんこうしておいて、折をみて片づければいいだろう。

時計の針はすでに午前四時を示していた。しばらくすれば東の空が白み、裏山から鳥の鳴き声が聞こえてくるはずだった。愛は壁についた血をふき取ることもせず、そのまま汚れた布団の上に横たわり、まるですべてが夢だったかのように深い眠りについた。

翌日曜日の朝、リビングで寝ていた夏美が目を覚ますと、すでに愛の長女の万梨阿が起きていた。夏美は昨夜のことを思い出して、愛はどうしているかと尋ねた。万梨阿は、けろっとして答えた。

「部屋で寝てるよ」

夏美が戸を少しだけ開けてのぞくと、愛は布団に横たわって眠っていた。壁と毛布に、少し血がついているのが見える。夏美は、愛が昨晩苦しんでいたのは生理だったのか、と合点して戸を閉めた。

この日、愛が目を覚ましたのは昼頃だった。精も根も尽き果てて、気絶したように眠りに落ちていたのだ。リビングからは、子供たちの遊ぶやかましい声が聞こえてくる。愛は下腹部に痛みを感じながら、休んでいいと言った店長の言葉を思い出していた。

いくぶん体力が回復するのを待ってから、愛は携帯電話を取り出して高木に電話をかけた。前日に具合が悪いと聞いていた高木は、心配して「大丈夫だった？」と尋ねた。愛はこう答えた。

「昨日はホントごめんね。でも、もう大丈夫だよ。私、病気になって痩《や》せたから、たぶん次会ったらびっくりするよ」

急にへこんだお腹を怪しまれないよう、病気で痩せたと嘘を吐《つ》いたのである。愛は、こうつづけた。

「それで、次いつにする？」

「何が？」

「遊びに行く日。昨日キャンセルしちゃったから次に会える日、教えて。ドンキにお買い物行こっ」

彼女の頭の中には、高木と過ごすことで「押入れの子」から目をそらしたいという気持ちがあったのかもしれない。

この日曜日から十一日後、愛は警察によって逮捕される。

事件後に発見された押入れの子は、三千二百グラムの女児だった。DNA型鑑定の結果、父親は高木であることがわかった。

二〇一五年、沼津

五月二十九日、静岡県沼津市の空は鮮やかなほど晴れ渡っていた。狩野《かの》川のほとりには花々が咲き、トンボの雄と雌が体を寄せ合いながら風に流されるように飛んでいる。

この日の午後、静岡地裁沼津支部で高野愛に対する判決が言い渡されることになっていた。沼津は、伊豆半島の付け根の部分の西側に位置する大きな町であり、企業の支社ばかりでなく国や県の出先機関なども多い。愛もまた、この地にある拘置所に身柄を置かれていた。

私はレンタカーで三時間ほどかけて下田から沼津に出向いたが、まったく同じルートをたどって、母親の夏美、妹の恵子、文子の三人も裁判所にやってきていた。彼女たちも愛がなぜこのような事件を起こしたのか理解できず、初公判から連日傍聴に通っていたのである。

事件が明るみに出たのは、前年十月二日にあった下田市の福祉事務所職員からの通報がきっかけだった。その日の午前中、職員が、高野家の子供たちの様子を調べるために高馬の家を訪問した。福祉事務所では、四、五年前から一家の養育環境を問題視して「家庭状況を注視するべきケース」ということで、「見守り」の対象にし、定期的に家庭訪問を行っていたのである。具体的には、経済的困窮に加えて、ネグレクトの疑いがあるとされていた。

担当職員が家を訪れると、愛はアルバイトで不在だった。出てきた夏美に家庭内の様子を訊《き》いたところ、夏美の方からいきなりこんな相談を持ちかけられたのである。

「ねえねえ、なんか変なのよ！　うちの娘、妊娠してたみたいだったの。お腹大っきくてさ！　でも、気がついたら、小さくなってたのよ。それで探してみたんだけど、赤ちゃん、どっこにも見つからないの！」

お産の日から少しして、夏美は愛のお腹がへこんでいることに気づいたのだ。産んでどこかに隠しているのだろうと、探してみたが見当たらない。そのことを親族に話したところ、福祉事務所に相談するように助言されたのだという。

職員は、この事案を職場に持ち帰って報告。同日午後、市役所を訪れた愛のお腹が、夏美が言うとおりになっていることを確認した。職員が怪しまれない程度の調子で、「赤ちゃん、ようやく生まれたんですか」と尋ねてみたところ、愛は平然と「妊娠も出産もしてないですよ。病気が治っただけです！」と答えた。だが、お腹の大きい愛を目撃していた人は福祉事務所内にもいた。そこで事件性があると判断した職員が、下田の賀茂児童相談所と、下田警察署へ通報したのである。

警察が数台のパトカーで高馬の家を取り囲んだのは、同日午後七時五十八分のことだった。数軒先の家の前までパトカーが停まっていたというから五、六台はきていたのではなかろうか。

捜査員は、玄関先に出てきた愛に言った。

「あなたが出産をしたのに赤ちゃんが見当たらないという通報を受けました。出産したのは事実なんですか」

愛は「してません」と否定する。だが、捜査員に任意同行を求められると、彼女は「着替えるから、ちょっと待っててください」と言い残して家の中に入っていった。この時、愛は夏美に「私、捕まるから」と耳打ちし、パトカーに乗り込んだ。

午後八時三十分、高馬の家では数名の捜査員が夏美から事情を聴いていた。捜査員は夏美から、愛が「捕まるから」と言い残したことを打ち明けられ、夏美立ち会いの下で四畳半の部屋の捜索を開始した。ほどなく、天井裏から発泡スチロールの箱が発見され、腐乱した遺体が出てくる。時を同じくして自供をはじめた愛を、下田署は逮捕した。

翌日の午前十時、今度は愛を伴って自宅の捜索が行われる。そして、押入れの衣装ケースからビニール袋に押しこめられた遺体も発見された。これによって、愛は一件目の赤ん坊に対する死体遺棄容疑に加えて、二件目の赤ん坊に対する殺人容疑で再逮捕されることになったのである。一件目の罪状が殺人でないのは、出産した時に生存していたかどうか確かめられなかったためだ。

静岡地裁沼津支部の二階の法廷では午後三時ちょうど、女性裁判長と陪席裁判官が裁判員とともに入廷した。愛はダークスーツに白のシャツといった、いつもと同じ服装で椅子《いす》に腰かけている。裁判長は愛を証言台に立たせると、まず判決から言い渡した。

「主文、被告人を懲役五年六月に処する」

読み上げられた判決文によれば、母による嬰児《えいじ》殺しは一般に、殺人の中でも比較的刑が軽くなる傾向にあるという。だが、二件をわずか一年二カ月の間に行っているうえ、犠牲者が二児に及んだこと、そして犯行が「身勝手で無責任」であると判断され、今回の刑期になったということだった。

判決文が読み上げられている間、愛は表情一つ変えずに下を向いて黙っていた。私は傍聴席の最前列にすわってじっと見つめていたが、蠟《ろう》人形のような表情から心の内を推しはかることは困難だった。まるで、思考停止に陥ってしまっているのではないかとさえ思えた。

裁判長は判決文をすべて読み終えると、最後に言いたいことはありますか、と被告に向かって尋ねた。愛はうつむいたまま泣くわけでもなく、こうつぶやいた。

「今はありません。どうもすいませんでした」

裁判長が閉廷を告げ、傍聴席の人々が立ち上がりはじめた。裁判員たちも一列になって奥へと消えていく。私は一人、傍聴席にすわったまま愛に注目していた。愛に手錠がかけられる。次の瞬間、愛が初めて傍聴席の方をふり向いたかと思うと、母親と二人の妹に向かって少し引きつったような顔で微笑《ほほえ》みかけたのである。今にも泣きだしそうなほど瞳《ひとみ》が潤《うる》み、何かを嘆願するような、たとえようもないほど寂しそうな笑みだった。

帰京後何日かして、私は事件の関係者にこの裁判の感想を訊いてみようと思い立った。まず電話をしたのは、妹の恵子である。彼女は次のように語った。

「裁判が終わった後、弁護士の先生と一緒にイッちゃんに会ったんですよ。なんか泣いてましたね。いきなり『怒ってる？』って訊かれたから『うん、当たり前じゃん』

って答えたら、ごめんって謝まられて『子供たちをお願い』って頼まれた。子供たちがホント心配で、何年も会えなくなっちゃったら、自分も子供たちもおかしくなっちゃうんじゃないかって。そんなこと言われても、結局イッちゃんがバカなことしてこうなったんだし……。

私がどう思ってるか？　どうなんだろ。イッちゃんが事件を起こしたのは、お母さんの責任も大きいと思うけど、それ以上にイッちゃんが幼稚だったんじゃないですか。だって、いくらだって抜け出す方法はあったわけだから……。

イッちゃん、刑務所では刑期を短くするためにちゃんとしっかりするって言ってましたよ。早く子供たちと再会したいんだと思います。やっぱり子供が生きがいでしたから。あんなになって働きつづけてたのも、子供のためだし。でも、保育園や小学生の子供にとって五年は長いですよね。どうなっちゃうんだろ」

恵子にしてみれば、残された自分たちがこれから下田でどう生きていくかで精一杯といった口ぶりだった。

次に電話をしたのは、高木である。彼は裁判を傍聴しておらず、事件の経緯を知らなかったので、できるかぎり説明したうえで、今の心境を尋ねてみた。

「今回の事件は、イッちゃんが一番悪いと思います。あんなこと、尋常な精神じゃできませんから……。だけど……だけど本人がすべて悪いわけじゃないと思うんです。生活はすごく苦しかったのはわかってたし、その中で三人の小さな子を育てなければならなかったわけですよね。一人でものすごくしんどかったはずです。それが複数の男性に走らせてしまった原因だと思うんです。

でも、僕としてはイッちゃんをある程度支えてきたつもりでした。だからこそ思うんです。なんでダメだったんだろうって……わからないですね。正直、この事件を受け入れられないところがあります。今はまだイッちゃんと会ってやり直す気にはなれません……」

高木は、事件によって愛との目には見えない距離を感じずにはいられなかったろう。彼は、その距離が何だったのかまだわかっていないようだった。

高馬の家では、夏美が愛の子供三人を育てることになった。夏美は事件のせいで弁当屋を解雇されたため、生活保護を受けながらの育児である。子供の数からすれば、受給額は二十万円を超えて給料より多いはずだが、愛の稼ぎがなくなったことで生活は以前にも増して困窮しているという。

恵子と文子によれば、愛の子供三人には精神的な変調が現われているそうだ。長女の万梨阿は母について一言も語らなくなり、幼い虎司は脱毛症に苦しんで毎日のように「ママ、ママ」と泣いてばかりいる。

中でもひどいのは、愛が溺愛《できあい》していた七歳の真多偉だ。床に落ちているゴミを手づかみで食べるなど、異食症の症状があるばかりか、「死にたい」と叫んでリストカットの真似《まね》をしてみせたり、川で入水《じゅすい》自殺しようとしたりするのだ。また、わざと家のゴミ箱におしっこをして騒ぐといった異常行動も見せているらしい。「ママを待つ！」と言って外に何時間も立ちつづけたこともあったという。

本来であれば、夏美がこうした子供たちの世話をし、代わって愛情を注いでやらなければならない。だが夏美に、親身になって彼らをかわいがれるだけの度量はない。むしろ、子供たちが理解できない行動をとるたびにパニックに陥り、大声で怒鳴りつけ物を投げる。

一家のこうした騒ぎは、近所の知るところとなった。家から夏美の叫び声や子供たちの泣き声が頻繁に聞こえてくるため、住民の一人が児童相談所に「虐待《ぎゃくたい》が行われている」と通報したのである。即座に駆けつけた児童相談所は、事態を重く見て子供たちを一時保護し、施設であずかることにした。今現在、高馬の家に子供たちはいないそうだ。

今後、一家はどうなるのか。

裁判で下された五年六カ月という刑期では、未決勾留日数や仮釈放を入れれば、愛はあと四年ほどで刑務所から出てくるにちがいない。今は東京に住み、相変わらずフリーター生活をしている遼に連絡を取ると、彼はこう言った。

「俺さぁ、愛が逮捕されたって聞いて一度、拘置所に面会に行ったんだよ。まー、いちおう元妻だし、俺の子を育ててるわけだからな。手紙も六回は出したな。あいつが何であんなくだらねえことをしたのか知んねえけど、ムショから出てきたらとりあえず一緒に暮らそうって約束したよ。

だって、俺は親だぜ。真多偉や虎司の父親なんだよ。俺はあいつらのことかわいいと思ってるし、あいつらだって親と一緒にいた方が嬉《うれ》しいだろ。そんなの当たり前じゃね。今のままだったら、夏美さんのもとに置くしかねえけど、どうなるかわかったもんじゃねえ。あんなババアにわたすんなら、俺が引き取りたいんだよ」

ところで愛は、どう考えているのだろうか。公判でそのことについて尋ねられた彼女は、こう答えている。

「子供たちがホントかわいそう……私がバカだったから悲しませちゃった。あの子たちともっといっぱい一緒にいてあげられればよかったと思います。もう絶対、子供たちとすれ違いになる仕事はしない。

刑務所を出たら、お母さんと暮らしたいです。だって、お母さんとは仲良しだと思ってるし、好きだし、信用してるし……だけど言い出せなくて、ごめんなさい……。私が早く言えなかったから、お母さんまで責められてかわいそう……。だから、仲良くおうちで一緒に暮らしたいです」

私はふと、法廷で愛が最後に浮かべた微笑みを思い出す。もしかしたらあの寂しげな笑みは、夏美に向けた「お母さん、私を見捨てないでね」という意思表示だったのではないか。

物心ついた頃から、ひたすら自分を怒鳴りつけるだけで愛情らしい愛情を注いでくれなかった母親。愛は判決が下された法廷においてもなお、その母親を求めつづけているのだ。

――お母さんと仲良く暮らしたい。

その叫びが同時に、三人の子供や殺された赤ん坊のそれであることを、愛は気がついているのだろうか。

Case3：
足立区ウサギ用ケージ監禁虐待死事件

荒川

二〇一六年三月、ＪＲ北千住駅からほど近い荒川の土手に、私は立っていた。川の手前が東京都足立区、対岸が葛飾区《かつしか》だ。川幅は二百メートルもあり、茶色く濁った川面《かわも》はどちらに流れているかわからないほど穏やかだった。

土手から見下ろすと、広い河川敷にベンチや子供用の遊具が設置されて公園のようになっていた。大きな花壇には赤や黄色の花が咲き、甘い蜜《みつ》の香りが漂ってくる。平日の正午だというのに、世間話に興じるお年寄り、ジョギングをする男性、デート中の若いカップルの姿などがあちらこちらに見受けられる。

私がここを訪れたのは、川に未《いま》だ眠っている三歳児を偲《しの》ぶためだった。川底は、大量のヘドロが堆積《たいせき》して底なし沼のようになっているという。親の供述が事実だとしたら、その子は棄《す》てられて三年もそこに放置されたままになっているのだ。

この事件が報じられた二〇一四年六月のことを、私は今でもはっきり覚えている。ラジオ局で打ち合わせをしていた時、テレビのニュースが急にそれを報じたのである。キャスターは、次のようにつたえた。

「東京都足立区のアパートで、子供が死亡していたにもかかわらず、一年以上も把握されていなかったことが明らかになりました。

死亡したのは、一家の三歳になる次男。家族は生活保護を受けて暮らしており、虐《ぎゃく》待《たい》の疑いがあったことから児童相談所がたびたび家庭訪問をしていましたが、両親はマネキンを使用するなどして次男が生きているように見せかけ、児童手当や生活保護費を不正受給していました。また、次女も犬用のリードにつながれて虐待されていたことが明らかになっていて、警察は次男の死亡に至った経緯を詳しく調べています」

この事件の容疑者は、皆川忍（逮捕当時三十歳）と皆川朋美《ともみ》（同二十七歳）の夫婦だった。忍は元ホストで、朋美はホステス。驚くことに、夫婦は逮捕後も含めれば結婚七年間で七人の子供をもうけて、無職のまま多額の生活保護や児童手当などを受給して暮らしていた。

だが、児童相談所の調査を受けている最中の二〇一三年三月に、次男が死亡。両親は遺体を遺棄したうえに、児童相談所にはマネキンを次男だと偽って生存しているかのように装《よそお》い、一年三カ月にわたって手当を不正に受給した。また、一歳下の次女には、犬用の首輪をつけて自由を奪い、日常的に殴る蹴《け》るの虐待を加えていた。子供を、金を得るための手段としか考えていないような所業だ。

この事件が発覚した時、マスコミは連日、大きく取り上げた。「厚木市幼児餓死白骨化事件」発覚から間もない期間でニュースになったため、「居所不明児童」の問題を象徴するもう一つの事件として扱われたのだ。ただ、両親の犯行は明らかに金銭目的で、厚木のそれよりはるかに悪質だと思われた。

マスコミはこの夫婦を徹底的に叩《たた》いた。二人に「鬼夫婦」とか「嘘《うそ》の上塗り夫婦」などという言葉をつかい、その行為を非難した。インターネットの住人たちも触発されるように、「同じ方法で親を殺せ」などと口汚い言葉を書き綴《つづ》った。

率直に言えば、私も過熱する報道をとおして、夫婦を鬼のような形相の極悪人だと信じて疑わなかった。二人の水商売の経歴から、いかにも金に目のくらんだ若い男女が子供を利用して多額の福祉手当を手に入れて、あとはわが子をわが子とも思わずに暴力をふるいつづけていたのだろう、と。そうした流れのなかで、この事件を追うことになったのである。

発覚から三カ月後の九月、東京地方裁判所で夫婦に対する裁判がはじまった。私もさっそく傍聴に通ったが、当初抱いていた夫婦に対する先入観はものの見事に打ち砕かれた。法廷に現われたのは、水商売を生業《なりわい》とする極悪人というより、でっぷりと太り、皺《しわ》だらけのジャージを着た、うだつの上がらない夫婦の姿だった。

忍は明らかにアトピー性皮膚炎とわかるガサガサの肌が特徴的で、教師に注意されてふてくされた中学生のように椅子《いす》に浅くすわって、しきりに貧乏ゆすりや手をこすり合わせる仕草をくり返す。おまけに何を尋ねられても「まぁ」とか「うーん、どうなんだろ」などと、曖昧《あいまい》な返答ばかりして体をかきむしる。

一方の朋美は、サンダル履きに、乱れた髪のてっぺんだけをピンクのゴムで縛るという風体だった。長方形の顔はむくんで、岸に打ち上げられたナマズのように口をパクパク動かしながら天井を見上げている。法廷で、統合失調症や癲癇《てんかん》などの治療のため大量の薬を服用していると述べていたから、その影響なのか。裁判長からの質問も理解できないらしく、目を泳がせてばかりいた。

誤解を恐れずに言えば、私の目には、二人が学校のクラスで「気持ち悪い」などと言われて仲間外れにされるようなタイプにしか映らなかった。ホストだのホステスだのといった派手な印象は微塵《みじん》もない。

もう一つ意外だったのは、裁判が次男の死亡について裁くものではなく、その死を隠して児童手当や生活保護費を不正受給していたことに関する詐欺《さぎ》や、次女への傷害、それに無免許運転による道路交通法違反などについてのものだったことだ。つまり、次男の死体遺棄などについて起訴していないのに、それを視野に入れて別の容疑で裁こうとしていたのだ。

なぜ夫婦は、殺人や死体遺棄で起訴されなかったのか。これでは、事件の全容が明らかになることなど到底ありえないではないか。

裁判を傍聴した日に抱いた懸念《けねん》は的中し、裁判は思いのほか長期化する。そして、私自身も調べていくなかでこの家族の闇《やみ》に引きずり込まれていくことになるのである。

裁判——二〇一四年

忍と朋美の所業とは、どのようなものだったのか。まず、裁判で明らかになったことを記したい。なお、前後関係がわかりやすくなるよう、自らの取材内容も含めた。

容疑者である忍と朋美が出会ったのは、二〇〇七年の五月七日のこと。当時、忍は二十三歳で足立区竹の塚のホストクラブMに勤めていた。朋美は、このホストクラブに客として遊びに来ていたのである。

朋美は同じ竹の塚でホステスをしていて、少し前に未婚のまま客との間にできた長女を産んだばかりだった。だが、忍はそんなことを気にするわけでもなく、出会ってわずか五日で肉体関係をもち、一カ月も経《た》たないうちに長女も含めた三人で同居をはじめる。朋美は長女の父親とは籍を入れなかったかわりに、養育費の名目で二百五十万円をまとめて受け取っていたから、ある程度の生活費はあったのだろう。二人はそれなりに愛し合っていたらしく、右手の人差し指にお互いの名前のタトゥーを入れている。

足立区内にアパートを借りると、忍はホストクラブを辞め派遣会社に登録して運送の仕事をはじめ、朋美は専業主婦として子育てに専念した。ただ、子づくりのペースは常軌《じょうき》を逸していて、二〇〇八年には長男、〇九年には次男の玲空斗《りくと》君、一〇年には次女の玲花《りか》ちゃん(仮名)と毎年のように子供をつくっていった。

このような大家族での生活が、派遣社員一人の給料で成り立つわけがない。忍はやがて仕事を辞め、不正な方法で生活費を手に入れるようになる。

たとえば、二〇一一年、玲空斗君が交通事故にあった。当初は、車と接触していないということで処理されたが、夫婦は後日、玲空斗君がぶつかっていて体調が悪くなったと言い出して、通院させはじめる。忍はすでに勤めを辞めていたにもかかわらず、派遣会社の古い給与明細を偽造して保険会社から都合七回にわたって通院看護料十六万九千二百円を詐取した。そればかりか、窃盗にも手を染め、粉ミルクを万引きして転売。結局、このことで逮捕され、執行猶予《ゆうよ》つきの有罪判決を受けた。

もっとも、こうしたつまらない犯罪を重ねたところで、実入りはたかが知れている。一家の生活は常に困窮していた。その暮らしぶりがガラリと変わるのは、埼玉県草加市のマンションで暮らしていた二〇一二年の三月のことである。

この年の二月から三月にかけて、およそ一カ月間、県の越谷児童相談所に玲空斗君が一時保護された。その際、児童相談所の職員が家族の経済状態を問題視し、生活保護を受給して生活を立て直すよう勧めたのである。

忍と朋美が言われたとおりに申請したところ、子供がいたこともあって即座に受理され、児童手当や子育て世帯臨時特例給付金を含めて月に三十万円以上も受け取れるようになった。契約社員としての月給は十五万円ほどだったから、働かずして倍以上の額を手に入れることができたのだ。

夫婦は生活保護を受けるようになってから、再就職しようともせず第五子、第六子と出産していった。その背景には、子供の数を増やして手当の額を増やそう、あるいは子供の数が増えても手当で何とかなるという思惑があったのではないか。最終的に支給額は、月に四十万円を超えるまでになる。

だが二人は、こうして得た収入を子供の養育につかっていたわけではない。毎日外食に行って、しゃぶしゃぶや焼肉を食べるような暮らしぶりだった一方で、一部の子供を家に閉じ込めて、ちゃんとした服も着せず、汚れた布団《ふとん》に寝かせ、食事すらろくに与えていなかったのである。少し先のことになるが、二〇一三年の十一月には、借金がもとで自己破産しているから、夫婦の金遣いに計画性がなかったことがうかがえよう。

生活保護を受けるようになってから間もなく、一家は埼玉県草加市から再び東京・足立区へ引っ越した。後に、事件現場となるアパートだ。きっかけは、朋美の母親が越谷児童相談所に「孫が虐待を受けている」と通報したことだった。児童相談所はすでに玲空斗君を一時保護したことがあったため、定期的に家庭訪問を行って調査しようとした。それを察したであろう夫婦は、逃げるようにして足立区のアパートに移ったのだ。

ここでわざわざ「逃げるようにして」と書いたのは、引っ越しそのものに不自然な点があるからである。草加市と足立区は隣接していて、旧居住地から新しいアパートまでは車で十分程度の距離しかない。なぜそんな近くに引っ越さなければならなかったのか。それは、東京に越せば、越谷児童相談所の目から逃れられると考えたからにちがいない。

越谷児童相談所は、二人を追いつづけた。東京の足立児童相談所に対して「子供が一時保護された家庭」と申し送りすることで、家庭訪問を実施してもらおうとしたのだ。事件が発覚するまでのおよそ二年の間だけでも、児童相談所の職員によって延《の》べ十一回の家庭訪問が行われた。しかし、夫婦は妊娠による体調不良などを理由に家への立入調査を拒否。その間に玲空斗君の生存が確認できたのは、わずか二回だった。

玲空斗君が死亡したのは、引っ越しから一年近くが経った二〇一三年三月三日。残念ながら、密室で起きた悲劇の実態は闇に包まれている。裁判で、二人はその死について次のようにしか語らなかったからだ。

「朝起きたら（玲空斗は）、息をしていませんでした。前の日は元気でした」

前日まで元気だった子が、朝になったら死んでいたというのである。虐待疑惑が持ち上がって調査の対象となっていた夫婦がこのようなことを言って、いったい誰が信じるというのか。

さらにおかしいのは、その後の二人の対応だ。仮に、玲空斗君が乳幼児突然死症候群（三歳では稀《まれ》）で死亡したのであれば、親として即座に救急車を呼ぶなり、病院へ駆け込むなりの対応を取るのが普通だろう。だが、二人は、「児童相談所にバレたら虐待を疑われて家族がバラバラになる」と考え、その日のうちに玲空斗君の遺体を車に乗せ、山梨県の山中に埋めたというのである。そして、一年三カ月にわたって玲空斗君の死を隠蔽《いんぺい》し、生活保護などの手当を不正受給した。

公判で忍は遺体を隠した理由について、「児童養護施設に悪い思い出しかないから」と述べた。忍は生まれて間もなく乳児院にあずけられ、三歳から児童養護施設へ移されて十五歳まで過ごした。その間、施設で職員や上級生からいじめをうけた経験があったので、子供を施設へ行かせて同じ目にあわせたくなかったと語ったのだ。

しかし、忍のその後の行動を見るかぎり、この発言を鵜呑《うの》みにすることはできない。彼は子供のことを考えていると言いつつ、玲空斗君の死後、今度は標的を変えるかのごとく次女の玲花ちゃんへの虐待を、さらに激しくしているからだ。

夫婦によれば、玲花ちゃんには二〇一二年頃から、きょうだいの食べ物を勝手に口に入れてしまう、家の中を散らかすなどといった行動が目立つようになった。初めのうち忍が口で注意していたが、まったくやめようとしなかった。そして、八月に犬用のお菓子のビスケットの袋を開けて中身を食べたことをきっかけに、玲花ちゃんに犬用の首輪をつけてリードをベッドの脚にしばりつけることにした。幼児であることを考えれば、他にいくらでもやりようはありそうなものだが。

こうして玲花ちゃんは自由を奪われ、家族が外出する際も一人だけ家に残された。たまに自由を与えられた時に散らかすと、忍から「またやりやがった！」と怒鳴られて殴られた。

朋美は、こうした玲花ちゃんへの虐待を黙認した。その理由について朋美は、聞き取れないほど小さな声で次のように弁明している。

「(忍は)怒ると止まんないから……もし、止めたら、(私が)殴られる……。なので、何も言えませんでした……」

つまり、家の中で子供たちに暴力をふるっていたのは、忍だけだというのである。そして自分はそれに怯《おび》え、遠くで見て見ぬふりをすることしかできなかったのだ、と。

二〇一四年五月十四日、足立児童相談所に皆川の家庭についての通報があった。それは、しばらく前から玲空斗君の姿が見当たらないというものだった。問題視した児童相談所は、二日後に職員数名でアパートを訪れる。彼らが事情を説明して、子供の生存確認をしたい旨《むね》を伝えたところ、忍はこう答えた。

「妻は妊娠中で、体調が悪くて寝てるんです。すいませんけど、起こさないように部屋の外から見てもらっていいっすか」

朋美が妊娠していたのは事実である。この夏には、第七子を出産する予定になっていた。

職員たちはやむなく了承して家の中に入った。室内はまるでゴミ屋敷だった。廊下には衣服やタオルが散乱し、壁には大きな穴が開いて、床はシミだらけ。リビングには「クマのプーさん」のカバーがかけられたソファーがあり、すべり台やジャングルジムのオモチャ、それにペット用のケージが家具とともにちらばっている。犬を十匹以上飼っていたというから、動物臭もすさまじかったはずだ。

忍が案内した寝室は、電気が消えて薄暗かった。入り口にお腹《なか》の大きな朋美が職員を遮《さえぎ》るように横たわり、その奥に敷いてある布団に子供たちが一緒に寝ていた。職員が入り口の外から一人ずつ数えてみたところ、子供はきっかり六人いる。具合が悪い妊婦を起こすわけにもいかず、ひとまず生存は確認できたと判断して帰っていった。

ところが、これは夫婦によってあらかじめ用意された偽装工作だった。二人は家庭訪問されることを予期し、ネットオークションで体長一メートルほどのマネキンを購入。この家庭訪問時は、それに子供服を着せて布団に入れ、玲空斗君に見せかけていたのだ。児童相談所は、まんまと引っかかってしまったのである。

それから数日後、児童相談所に別のルートから新たな情報が入る。やはり、玲空斗君がいなくなっているというのだ。職員同士で話し合った結果、「あれは本当に玲空斗君だったのかな、人形か何かじゃないか」という声が上がった。そこで、再度の確認を行うことになった。

だが、家庭訪問だけでは、前回同様また適当な理由をつけて立ち入りを拒絶される恐れがある。五月三十日、児童相談所は「出頭要求」を送り、夫婦に子供を伴って来所するよう求めた。これを拒めば児童相談所の権限で、アパートへの強制的な臨検・捜索を行う旨も明記した。

忍と朋美はそれを読んで、もはやごまかしきれないと考えたのだろう、同月三十一日から荷物を順に運び出し、六月一日の午前二時頃に子供たちを車に乗せて夜逃げした。

この日からはじまった逃避行では、まず東京湾岸を彷徨《さまよ》って夜が明けるのを待ち、その後に千葉県木更津《きさらづ》市にある「ホテル三日月」にチェックインする。素泊まりで、食事は近くのスーパーで弁当を買ってすませていた。だが、逃亡は何の計画性もなく、玲花ちゃんへの虐待もつづいた。

逃亡中にあった虐待は二件。最初は六月三日のことだった。夜にスーパーでカツ丼《どん》や天井を購入して客室にもどった朋美は、食欲がなく自分の分のカツ丼をテレビ台に置いて眠ってしまう。しばらくして、忍の「てめえ、何食ってんだよ！」と怒鳴る声が響いた。朋美が寝ている間に、玲花ちゃんがカツ丼を勝手に食べていたのだ。忍は左手で玲花ちゃんの体を持ち上げると、右手の拳《こぶし》で顔面を何発も殴りつけた。玲花ちゃんは泣いて謝ったが、忍は許さず、再び犬用の首輪をつけることにした。

二件目の暴行は、六月五日である。この朝、一家はホテルをチェックアウトして東京湾アクアラインを走り、東京湾上につくられた人工島「海ほたるパーキングエリア」へ向かう。レストランや売店が集まる、高速道路のサービスエリアのようなところだ。忍と朋美は、玲花ちゃんだけ二階駐車場に止めた車に残し、他の子供たちとともにパーキングエリアのラーメン店へ食事をしに行った。

ところが車にもどってみると、お腹を空《す》かせた玲花ちゃんが他の子供のジュースを飲んでいた。忍は激昂《げきこう》して「何回言えばわかんだよ！」と、首輪をつけられたまま座席にいる玲花ちゃんの顔面に車の外から蹴りを入れ、殴りつけた。玲花ちゃんは口から血を流したが、それでも忍は、朋美が車を発進させた後も、「くそっ」と頭に何度も拳をふり下ろした。

二人が逮捕されたのは、その日の午後零時十分だった。東京都荒川区内を走行中の一家の車を発見した警察が、職務質問したのである。まず、朋美の無免許運転（免許取り消し中）が明らかになった。だが、警察にとって重要なのは、玲空斗君の行方を調べることだ。そこで、警察は前日の六月四日に児童相談所と合同で足立区のアパートを臨検した際に、備え付けのエアコン二台が持ち去られているのを確認していたことから、二人を窃盗容疑で逮捕、身柄を拘束して事件の解明を目指したのである。

一緒にいた子供たちは、児童相談所によって一時保護されることになった。怪我《けが》をしていた玲花ちゃんを病院で受診させたところ、左目と鼻の出血、打撲、浮腫《ふしゅ》などが認められ、全治二週間と診断された。また、食事を摂《と》らせてもらえなかったことから、体重は四歳女児の平均の半分にも満たない八キロにまで落ち、自力では立ち上がれないほど痩《や》せ衰えていた。

竹の塚警察署で行われた取り調べは、警視庁捜査一課が担当した。捜査一課が乗りだしたということは、夫婦が玲空斗君を虐待死させたと見なしていた証《あかし》である。それでも忍と朋美は、玲空斗君の死は認めたものの、あくまで自然死だったと言い張った。

「朝起きたら玲空斗は死んでいたんです。遺体は河口湖の湖畔に埋めました」

児童相談所の話からも、「自然死」とは信じがたい。遺体を見つけて虐待の跡があれば、傷害致死や殺人で起訴することができる。警察は河口湖周辺をくまなく捜索したものの、遺体は発見できなかった。

本当にそこなのか、そう尋ねられた忍は新たに別の場所を示す。ところが、捜索しても何も出てこない。大勢の捜査員を導入して広範囲にわたって掘り返したが、手がかりすら見つけることができなかった。

遺体がない状況では送検できないと判断した警察は、死体遺棄や殺人での立件を見送った。結局、二人は先に述べた通院看護料の詐取、生活保護費などの不正受給、無免許運転による道路交通法違反、そして玲花ちゃんに対する傷害といった容疑のみで起訴された。

東京地方裁判所で行われた夫婦に対する裁判は、さして話題になることもなく二〇一四年九月十日に幕を開けた。〝余罪〟とも言えそうな部分での起訴だったため、マスコミはほとんど報道しなかった。私は、裁判の行方を空席の目立つ傍聴席で見守った。裁判は、検察側の無力感だけが漂う展開だった。

裁判官や検察官は、たびたび二人に対して玲空斗君への虐待の実態や死体を遺棄した場所などについて尋ねた。忍は玲花ちゃんへの虐待については一部認めたものの、玲空斗君に対しては「してません」の一点張り。質問にはほとんど一言でしか答えず、都合の悪いところは黙るかごまかすかした。

――三月三日に玲空斗君が死んだことで間違いないですか。

「はい」

――玲空斗君の死亡を警察に連絡しませんでしたね。

「………」

――生活保護の担当者にも言わなかった。

「はい」

――玲花ちゃんをリードでつなぐというのはやり過ぎだと考えなかった？

「考えました。けど、まぁわかってくれるのかなという気持ち」

――しつけだったということですか。

「はい」

こうしたやりとりのくり返しで、忍から進んで真実を語ろうという姿勢はまったく見られなかった。

朋美に関しては、責任逃れの言葉だけが目立った。裁判は途中から分離されることになるのだが、朋美はそれを機に、虐待は忍が勝手に行ったと主張したのである。自分は妊婦だったし、精神の病気に苦しんでいたため、何もできることはなかった、と。

傍聴席にすわっていた私の胸には、虚《むな》しさだけが沈殿した。むろん、裁判官にも検察官にも、忸怩《じくじ》たる思いがあったろう。だが、このたびの裁判が玲空斗君の死を明らかにするものでない以上、彼らとしても真相究明に踏み込むことはできなかったのである。

家族の肖像

二〇一四年十月、東京地裁で裁判が行われている最中《さなか》、私は今回の事件について本格的に調べはじめた。

裁判が夫婦の詐欺や道路交通法違反などを裁くものであるかぎり、玲空斗君の死が解明されないままになるのは必至だった。それに、忍と朋美の人間像に迫ることもできない。ならば、裁判の終了を待たず、自ら関係者を回って真相に光を当てようと思ったのだ。

この日、私は一家が暮らしていた足立区の舎人《とねり》駅へ向かった。山手線の西日暮里《にしにっぽり》で「日暮里・舎人ライナー」に乗り換え、隅田川、荒川を越えて足立区に入ると、車窓から見える光景が急に古めかしくなった。細い路地が入り組み、そこに木造の平屋や、苔《こけ》むしたみすぼらしいアパートがひしめいていたのである。高齢者ばかりが暮らす都営住宅も多い。

足立区の東京二十三区内での困窮ぶりは広く知られている。住民の平均世帯年収はもっとも多い港区の三割強にしかならず、生活保護の受給率は二十三区中二番目に高い。特に埼玉県との境にあたる竹の塚・舎人地区はその傾向が顕著である。むろん、細かく見れば家ごとに状況は異なるにしても、高架を走る車窓から眺めると、家のつくりや住民の姿にその傾向が感じられなくもない。

皆川夫婦の住んでいたアパートは、舎人駅から徒歩十分ほどの住宅街に建っていた。バス通りに面し、裏には小さな畑や駐車場が広がっている。アパートは三階建てで築十六年だというが、入り口は大人一人しか通れないぐらいの狭さで、アルミ製のポストは傷やへこみが目立ち、一瞥《いちべつ》しただけでは築三、四十年くらいに見える。

忍と朋美が暮らしていたのは、二階の一室だった。玄関を入って左側の奥に十六・五畳のリビングがあり、右側に六畳の和室と洋室が一部屋ずつという間取りである。家賃は七万円ほど。子供の数や十匹以上のペットがいたことを考えれば、決して十分な広さだったとは言えないだろう。

私は、近隣の取材をとおして、皆川夫婦と付き合いがあった畑中芳江《よしえ》（仮名）という主婦に出会った。畑中はアパートの前に立って、話してくれた。

「皆川さんの家族は、とにかく子供が多いっていう印象でした。旦那《だんな》さん（忍）はいつもニコニコしてて明るくて、子供をとてもかわいがっていましたよ。一番上の長女は小学生だったので、毎朝送り迎えをしてあげてましたし、『アカチャンホンポ』が新しくどこそこにできたとか言って育児にも熱心な感じでした。

ただ、おかしいなと思ったのは、旦那さんが働いている様子じゃなかったことかな。毎日、夜中に家族で車で出かけて、午前一時とか二時ぐらいに帰ってくるんです。幼い子供がいるのに昼夜が完全に逆転してました」

一家の近所付き合いは畑中以外にほとんどなく、日中はアパートに閉じこもって過ごしていたようだ。長女は二年生に進級してから不登校になり、六歳になっていた長男も保育園通いをやめていた。

夜中に出かけるのは、近くで外食するためだった。一家に自炊をする習慣はほとんどなく、頻繁に通っていたのは近くの「ガスト」。時々「銀のさら」で寿司《すし》の出前をとることもあった。多額の生活保護費や各種手当がそうした生活を支えていたにちがいない。

畑中によれば、夫婦に虐待をうかがわせるような雰囲気は感じられなかったそうだ。

ただ、事件の少し前から、子供について首を傾《かし》げたくなることがあった。朋美と話をしている時、彼女から、いま妊娠している子供が七人目だとさりげなく言われたのだが、それまでの付き合いで子供は四人しか見たことがなかったのだ。畑中がそう指摘したところ、朋美は平然と答えた。

「他の二人は風邪をひきやすいから、いつも留守番をさせてるの」

時期的に考えれば、この時すでに玲空斗君は死亡しており、玲花ちゃんへの首輪をつけた虐待がはじまっていた。おそらく玲花ちゃんは、ずっと家に監禁されていたのだろう。

他の周辺住民の間でも玲花ちゃんが目撃されたことはほとんどなく、唯一《ゆいいつ》、雪の降りつもった冬の日にアパートの前で皆川の家の子供たちが、「青白いちっちゃな子」をつれて遊んでいるのを見たという近所の男性の証言だけだ。その子は生気がなく、一人だけ無言で雪の上にすわったままだったらしい。きょうだいが手を引っぱると、倒れそうなほどおぼつかない足取りだったというから、虐待を受けていた玲花ちゃんだった可能性は高い。

二〇一四年の春頃から朋美は、畑中との会話の中で、児童相談所にマークされていることをほのめかすようになった。逮捕の一カ月ほど前、朋美はこう言ったという。

「昨日、児相（児童相談所）が来て大騒ぎになっちゃったの。うちの親が通報したみたい。何も悪いことしてないんだけど、事情があって親に嫌われてて大変なんだよね。もし迷惑かけたらごめんね」

まさに児童相談所が、玲空斗君の所在がわからないとの情報をつかんでいた時期である。別の証言では、同じ頃に朋美が長女の級友の親に、「子供を貸してくれないかな」と頼んだことがあったそうだ。児童相談所の家庭訪問を予期して偽装を企《たくら》んだが、聞き入れられなかったので、マネキンを購入したのかもしれない。

さらに朋美は、こんな話もしていた。

「近いうちに引っ越ししようと思ってる。前のアパートで大家さんとトラブルになったことがあったから、不動産屋に大家がいないアパートがいいって頼んだの。なのに、ここって一階に大家の親族がいるでしょ。それに壁を軽く叩いただけで簡単に穴が開いちゃうし、練炭自殺が近所であったりして治安も悪いから、九月に出産が終わったら引っ越すつもり。それもあって、今年の春から家賃も払ってないのよ」

賃貸契約では、家賃滞納が半年つづけば退去させられることになっていた。朋美はそれを逆手にとって、産後に出ていくつもりで支払いをせずにいたのだ。

畑中は、アパートの二階にある一家が暮らしていた部屋を見つめて言った。

「事件の虐待報道には驚きましたよ。私が知っている家族は、あくまで一家団欒《だんらん》のイメージでしたから。少なくとも旦那さんはすごくやさしい感じで、あれこれと子供の世話ばかりしてました」

私には意外な言葉だった。少なくとも裁判で明らかになった忍は、玲花ちゃんに首輪をつけ、ところかまわず殴る蹴るの暴行を加える残酷な人間で、一方の朋美は、そんな夫の暴力に震え上がって見て見ぬふりしかできない精神を病んだ女性ということになっている。

そのことをつたえると、畑中は首を傾げ「変なの―」と声を上げてからつづけた。

「そんなことないと思いますよ。あの夫婦は奥さんの方が強いんです。奥さんは段取りがよくて、自分の意思をズバズバ言って何でもさっさとやっちゃう。一方、旦那さんは愛想はいいけど、奥さんには頭が上がらないで、いつもあれこれ指示されてばっか。夫婦喧嘩《げんか》をしても、旦那さんの方が奥さんの後をついていって『ごめんよ、俺が悪かったよ』なんて頭を下げて謝ってましたから」

また、予想もしなかった話が出てきた。法廷に現われた朋美は、目を泳がせてずっと口をパクパク動かしていて、知的障害があるようにしか見えなかったと、私は言った。

「それって演技じゃないですかね」

思わず訊《き》き返す。畑中はケロッとして答えた。

「だってあの人は、すごくやり手な感じの女性ですもん。そんな姿、私は一度も見たことありませんよ。罪を逃れるために病気のふりをしてるんじゃないですか」

裁判で朋美は統合失調症、癲癇、パニック障害などを患《わずら》い、障害者二級の認定を受けていると言っていた。あれは偽りだったのか。

畑中はつづけた。

「私、あの二人が本当のことを言ってないんじゃないかって思うんですよ。それっていうのも、奥さんが何かの折にこんなことを言ったんです。『私たちは名誉毀損《きそん》で逮捕されたことがあって、執行猶予がついてるの。次に逮捕されたら、児相に子供たちを取られて家族がバラバラになっちゃう。だからそうなったら、いったん偽装離婚して子供を取りもどそうって話し合ってるんだ』って」

では、夫婦は事件が発覚することを予期していたということか。

「そうでなきゃ、あんなこと言いませんよね。だから、裁判で変なふうに振る舞っていたっていうのも、そのためなんじゃないですか」

これが事実ならば、夫婦は初めから事件発覚後の対処法を綿密に計画していたことになる。忍が一人で虐待の罪をかぶって懲役を受け、朋美を微罪ですませて離婚。そして、児童相談所へつれていかれた子供たちを取りもどすという筋書きだ。それが現実になれば、再び多額の生活保護費や手当などが転がり込む。

メモをとるペンを握りしめたまま、私はどう解釈していいのかわからなくなっていた。果たして、検察官や裁判官は、二人の手のひらで踊らされているのか。裁判の状況を見るかぎり、絶対にないとは言い切れなかった。

モンスターの子

二〇一四年十二月のある日、私は冷たく乾いた風が吹きすさぶなか、某所の住宅地を歩いていた。児童養護施設「A学園」を訪れるためである。A学園は、忍が幼い頃に育った施設だった。

ここへ出向いたのは、東京地裁で行われていた忍と朋美の裁判が予想よりだいぶ早く終わることになったからだった。最初に判決が出たのは、朋美の方だった。彼女は詐欺と道路交通法違反の二件について、十一月十四日に判決が言い渡された。

法廷に現われた朋美は、これまでつけていたピンクの髪留めのゴムを青色に換えて、手にはティッシュをくるんだタオルを握りしめていた。裁判官は二つの罪を全面的に認めたうえで、次のような判決を下した。

「懲役三年、執行猶予四年」

玲空斗君の死を隠しての不正受給は悪質だとしつつも、金額が多額に上っていないことを加味して執行猶予にしたのである。

朋美は、その理由を読み上げられている間、いつもの調子で天井を見上げて口を動かし何の反応も示さなかった。眠そうな目をして、裁判官から「わかりましたか」と訊かれても何秒か遅れて「はい」と答えただけだった。判決後は弁護士や刑務官に付き添われて、大きな体を揺さぶりながら地下の出口へ向かっていって姿を消した。

忍への判決の言い渡しは、一カ月後の十二月十二日だった。同じ法廷に立った忍は、朋美が執行猶予になったのを知ってか、肩で風を切るようにして現われ、終始不敵な笑みを浮かべていた。

いよいよ判決の言いわたしである。

「被告人を懲役二年十月に処する」

虐待の悪質さが認められて、実刑が下ったのだ。が、玲空斗君の死に対して罰を科されたわけではなかった。実際は、わずか三年弱で釈放されて社会にもどってくるのだ。まして足立区のアパートの前で畑中から聞いた話が事実なら、すべては二人の計画どおりである。

本当に事件をこれで終わりにしていいのか。私はそんな焦《あせ》りに似た思いから、まずは忍の実像を知りたいと思った。そして裁判中に彼が口にした、施設で育ったという供述から、なんとかそこがA学園だということを突き止めたのである。

訪れたA学園は、駅前の商店街からほど近い住宅地に建っていた。幼稚園や児童館のような親しみやすい外観で、広い庭がついている。近隣には一軒家が多く、緑がたくさんあって静かだ。夕方でちょうど下校時刻らしく、ランドセルを背負った子供たちが次々と「ただいまー」と言って帰ってくる。中からは楽しそうに遊ぶ声が響いていた。

しばらく外から施設を眺めたものの、それだけでは忍が抱えていた心の闇を想像することができなかった。事前に調べたところA学園には長い歴史があり、施設としての評価も高い。毎年、何人もの子供たちがここから巣立ち、大人になればごく普通の家庭を持つようになる者が大多数だ。元の家庭がどれだけ荒《すさ》んでいても、施設の職員の温かな支援があれば、逆境を乗り越えられるのだ。忍の場合は、それがうまくいかなかったということなのか。

私はA学園をあとにし、某所で宮本泰治《たいじ》（仮名）という五十代の男性と面会した。忍を幼少期からよく知る人物だ。ただ、ここでは、プライバシーの問題から具体的な関係性については省略させていただきたい。彼の職場を訪ねると、ソファーが置かれた応接室に通された。私は出されたお茶を飲み、さっそく事件についての感想を尋ねた。宮本は腕を組み、眉間《みけん》に皺を寄せる。

「正直言うと、事件の犯人が忍君だって知った時、『ああ、やっぱりね』って思ったんです。他の名前なら耳を疑ったと思いますが、忍君ならやってもおかしくないなって。彼に、もともと暴力的な傾向はありません。ただ、まったく何も考えてない人間なんです」

どういうことなのか。

「忍君ってものすごく幼稚な人間なんですよ。IQは百以上あって高いんですけど、ちっちゃな子供がそのまま大人になったような感じ。二、三歳の子供って後先のことをまったく考えずに、その場の気分で泣きわめくとか、あるものを食べちゃうとか、遊んで騒ぐとかしますよね。理性がしっかりしてないから、その時々の衝動を行動に移しちゃう。忍君はそれとまったく同じなんです。小学生になっても、中学生になっても、何をすればどうなるという思考が一切なくて、その時の感情の赴くままに何かをして、しかもすべてやりっぱなし」

宮本は話を区切って、つづける。

「だから、彼には友達っていうのがほとんどいなかった。他人から信頼を得るには、いろんなルールを守らなきゃいけないですよね。約束を守ったり、仁義を通したり。そういうことを積み重ねて赤の他人と関係を築ける。でも、彼にはそういうところがすっぽり抜けちゃってて、誰に対しても無責任なことしかしない。だから、友人をつくることができませんでした」

なぜ、そんな子供に育ったのか。

「忍君のその場かぎりの性格は、お母さんのせいだと思いますよ。お母さんは忍君をA学園に預けて、自分では一切面倒をみてませんでした。施設の中でも、お母さんの異常な言動は目に余るほどで、周りの人たちからは『モンスター』って揶揄《やゆ》されていたほどです。忍君はその母親をコピーしたのかって思うぐらいそっくりな人間なんですよ」

児童養護施設に子供を入れる親の中には、家庭内暴力の加害者など問題を抱えている人が少なくない。A学園のような長い歴史があれば、そうした良識のない親は珍しくないはずだ。しかも、忍の幼少時代はまだ「モンスター・ペアレント」といった言葉はなかったはずである。それでも「モンスター」と呼ばれた母親とは、いったいどのような人物なのか。

母親の名前は、桜田亜佐美《あさみ》(仮名)といった。一九六四年に、下町で彫金師として働く男性の娘として、荒川区の日暮里で生まれたそうだ。幼い頃からいろんな問題を起こして学校でも要注意人物とされ、中学卒業後は都内のスナックで水商売の世界に入った。

亜佐美は夜の町で、ずいぶん奔放な生活を送っていたようだ。そして十八歳の時にトラック運転手の男性と知り合い、同棲《どうせい》をはじめる。間もなく妊娠がわかり、その年のうちに入籍。翌年に、産んだ長男が忍だった。

こうして若い夫婦の乳児を抱えた暮らしがはじまった。だが、亜佐美は家事も育児もまったくやろうとしなかった。産後に体調が回復すると、さっさとキャバレーでホステスとして働き、忍を家にほったらかしにして朝まで飲みつづけた。

夫は勤務が不規則なトラック運転手で、家にいられない日も多かったはずだ。彼は忍が育児放棄されているのを見かねて、何度も生活を改めるように注意した。だが、亜佐美は反省するどころか、売り言葉に買い言葉で言い返し、大喧嘩になった挙句、もううんざりだとばかりに家を飛び出して、友達の家やキャバレーの寮に泊まって何日も帰ってこなかった。

夫も働いている身、さすがに一人では手に負えず、零歳の忍を都内の乳児院にあずけることにした。こんな夫婦関係だったにもかかわらず、家で二人きりになればセックスだけはしていたらしい。忍を産んだ翌年には長女、二年後には次女、またその翌年に三女、そして離婚を経た四年後には、新しい夫との間に四女をもうけている。もっとも、二番目の夫とも後に別れているが。

亜佐美は忍を乳児院に入れ、手が離れたことに味を占めて、その後に生まれる子供たちも、出産と同時にあずけようと考えた。お産の三カ月前に乳児院に連絡して、「次の子供もそっちに入れたい」と頼み、家につれ帰ることなく退院直後に乳児院へ預けに行くのだ。

母親としての自覚や責任が微塵も感じられない行為だが、このうち次女にいたっては、「忙しかったから」という理由で、出生届さえ出していなかった。後で乳児院がそれに気づき、「ちゃんと（出生届を）しなければ赤ちゃんは受け入れられない」と厳しく注意して、やっと亜佐美は役所へ出向いたという。当時は、出産前に乳児院に問い合わせるようなことはほとんど例がなかったため、児童福祉司たちの間ではこう囁《ささや》かれていた。

「桜田の家の子供たちは病院、乳児院、A学園とエスカレーター式に上がることになってるんだってさ」

エスカレーター式とは通常、付属の学校から大学まで進むことを言うが、彼らは皮肉を込めてそう表現したのだ。

ところで、なぜ育てる気がないのに、亜佐美は五人もの子供をつくったのか。宮本によれば、それこそが亜佐美がその場かぎりの人間とされる所以《ゆえん》だという。たいがいの人は家族計画をして出産し、収入の範囲内でやりくりしながら子育てをする。だが、亜佐美にはまったくそれがなく、出産にせよ、キャバレーの仕事にせよ、乳児院にあずけるにせよ、すべてがその時々の思いつきなのだ。

A学園は、長男の忍をはじめとして、桜田の家の子供たち五人を全員受け入れた。定員が三十名なので、全児童の六人に一人が亜佐美の子供という異常な事態に陥った。

当時、A学園に出入りしていた人物によれば、亜佐美の野放図な行いは学園内でも話題になっていたらしい。親子面談には来たことがないのに、運動会にだけはやってきて、金髪にミニスカート、網タイツといった出で立《い》《た》ちで大声を出して騒ぎまわる。他の保護者から頻繁にクレームが来た。

A学園では、壊れた家族関係を修復させようと、休日や長期休暇に子供たちを実家に帰す機会も設けていた。少しずつでも親が子供をしっかりと受け入れるようになってくれればという願いからだった。

だが亜佐美は、一時帰宅した子供たちの相手をしようともせず、あまつさえ子供たちがA学園で小遣いをもらってきたと知ると、巻き上げて自らの遊びにつかったのだ。

また、A学園では子供たちが卒園する際に、それまで貯《た》めていた小遣いと児童手当を親に渡すことになっていた。亜佐美の子供たちの場合も例外ではなかったが、その時の三十五万円ほどを目の前で確かめて「思ったより少ないわね！」と言い放ったこともあった。

子供たちを〝金のなる木〟としか見ない態度は、後年忍が子供を次々とつくって手当を雪だるま式に増やしていったことを想起させる。

とはいえ、亜佐美にとって忍は長男ということもあって、五人の子供たちのなかで唯一、かわいがった。忍を頻繁に一時帰宅させ、気の向くままにつれ回したのだ。もっとも、それは普通の親とはいささか趣が異なっていて、宮本に言わせれば「会話の内容も、しゃべる口調も、遊びにつれていく場所も、まるで大人に対する接し方」だったという。夜の町を忍とともに明け方まで飲み歩いたり、恋人に引き合わせたりしたということだ。また、母親が妹たちに容赦ない罵声《ばせい》を浴びせ、小遣いを奪い取るのも見せられた。

そんな母親でも、忍にとっては母親にちがいなく、範として受け止めていたのかもしれない。自分を愛してくれているとも信じていたはずだ。だが、亜佐美はどこまでも自分本位だった。数日一緒に過ごすと、まるでこのおもちゃに飽きたというように態度を豹変《ひょうへん》させ、忍をA学園へと冷たく追い返すのだ。

こうした体験の影響か、忍には、小学生頃からすでに病的な行動が出現していた。典型的なものが、あらゆるものを食べようとする異食症だ。これは育児放棄や被虐待《ひぎゃくたい》の児童によく見られるもので、消しゴムや紙くずや髪の毛、それにゴミ箱にあるものなど、目につく物を何でも口に入れてしまう行動である。

小学生の高学年から中学生になる時期には、無表情になって感情を外に出すことがなくなり、より短絡的な行動が目立つようになった。学園で何か面白くないことがあれば、実家に帰って亜佐美に「施設でいじめられている」と嘘《うそ》をついたり、実家で放っておかれれば暇つぶしに学園に無言電話をかけたりする。発信元は、学園の電話機の番号通知で明らかだった。

学園側は何度も忍に注意をし、理由を問うた。彼によれば、相手にしてもらいたいといった明確な理由があるわけではなく、テレビで同じシーンを見たからやってみただけということだった。その時々の思いつきでとった行動だったらしい。

後年のことになるが、この忍の幼さを物語るエピソードがある。A学園では、毎年正月に卒園生などを集めて新年会が開かれる。二〇〇四年の正月、二十歳になっていた忍がふらっとやってきた。施設の小学生たちをつれて「サスケごっこ」と称し、民家の屋根から屋根へと飛び移って大騒ぎし、近隣住民からクレームが殺到するという事態になった。忍は、同年代の人間と付き合えないため、成人になっても小学生のような子供としか遊べなかったのだ。この一件によって、忍は学園を出入り禁止になっている。

忍が学園を去ったのは、中学卒業時だった。学園には十八歳までいられたが、亜佐美から「手がかからない年齢になったので」という身勝手な理由で引き取りを希望されたのだ。これも気まぐれにすぎなかったのだろう。忍も母親と一度でも暮らしたかったのか、実家から足立区内の都立の工業高校へ通うことにした。

実家での生活は、十五歳の少年にとっては惨憺《さんたん》たるものだった。亜佐美はソープランドで働いていて、男との関係も息子にひけらかした。毎日帰ってくるのは深夜で、昼過ぎまで寝ていたから、弁当どころか食事もろくにつくってもらえなかった。また、水道やガスが突然止められることも日常茶飯事だった。

家庭環境がどれだけ劣悪だったか——。四人の娘たちも中学卒業後に実家に帰ったが、そろって学園に逃げ帰ってきたというから容易に想像がつくだろう。たとえば、娘の一人は、実家に帰ってから大学進学のためにバイトをしてコツコツ学費を貯めていた。亜佐美はそれに気づき、「生活費入れな」と言って全額取り上げてしまう。その娘は、学園にもどって「母とは縁を切る」と職員に語ったそうだ。

このような家では、忍もまっとうな生活を過ごせなかったにちがいない。高校一年の一学期で中退すると、その後は重機の金属部品をつくる仕事や、新聞配達、バイク便の仕事などを転々とするが、どれも長つづきしなかった。そうした勤め先の一つが、竹の塚にあるホストクラブMで、そこで朋美と出会うのだ。

宮本はそこまで話すと、しみじみと言った。

「今回の事件って、報道を見るかぎりすべてがうやむやですよね。次男の死因もわからなければ、遺体も見つかっていないと聞いています。でも、僕にはそのうやむやが逆に忍君らしいなって思うんですよ。これまでの人生のなかで、忍君は常にあらゆることをそうしてきましたから」

すべてのことをうやむやにするのは、忍の性格によるところが大きい、と宮本は言う。

「彼は、事実を隠すために狡猾《こうかつ》な嘘をつくというタイプではありません。子供の死因がわからないというのもそうじゃないかな。彼は虐待しながらそれを虐待と思ってなくて、子供が何で死んだのか本当によくわかってないって可能性は十分にあると思いますよ。自分がやったことの因果関係を理解して反省するということができない人間なんです。自分のやった行動がどういう結果を生んで、どれだけ重大なことかということを考える思考がない。裁判官や検察官に虐待で殺したんじゃないですかって言われても、わかってないかもしれません」

さらに、こうもつづける。

「遺体を棄《す》てた場所を忘れたっていうのだって、ありうる話です。彼はすべてにおいて優先順位が狂ってるんですよ。普通ならこんなこと忘れないだろう、もうちょっと考えるだろう、というところが全部欠落してる。だから、起こりえないことが起こってしまうんです」

忍にとって玲空斗君の死は、厚木の事件の齋藤幸裕がそうだったように、子供が飼っていたクワガタを死なせてしまったようなものだったのかもしれない。かわいそうと思って埋めたものの、一年後にはすっかり場所を忘れていた――。

これが忍の思考様式ならば、事件の不可解な点も多少なりとも理解できる。「生活保護費が増えるから子供を次々につくる」「次女が言うことを聞かないから犬用の首輪でつないで殴る」「次男が死んでしまったからバレないように棄てる」……結局すべてが行き当たりばったり。そこに深い意味はないのだ。

「忍君を一言で表わせば、『わからない人間』なんです。たぶん、周りにいた誰もが同じふうに思うはずです。そんな彼が、ちゃんとした理由もなく起こした事件だからこそ、『わからない事件』になっちゃう」

宮本は、やるせないというようにため息をつく。

「やっぱり母親ですよね。忍君、まるで母親を真似《まね》しているかのようにそっくりな行動ばかりとっていますから。たとえば、母親は四人の娘の名前に同じ漢字を一字ずつ入れていたんですが、忍君も子供たちに同じ漢字を一字ずつ入れていたっていう話があります。自分でも気づかないうちに同じことしてるんじゃないかな」

ではなぜ、下の妹たちはそうならなかったのか。

「母親がかわいがっていたのが忍君だけだった、というのが大きいでしょうね。忍君はそれを『愛情』だと思い、『家庭』だと考え、『親』というものだと信じたわけですから。でも、妹たちはそうじゃなかった。母親に相手にされなかったことで、さっさと逃げた。それはそれで、成功だったんじゃないですか」

これだけ話を聞いてもなお、忍について一つだけ納得のいかないことがあった。後先考えずに行動するタイプだったら、忍は金を目当てに通院看護料の詐取《さしゅ》を企んだり、子供たちを取りもどすための偽装離婚を考えたりするだろうか。この悪知恵は、どこから生まれたものなのか。

そう尋ねると、宮本は首を傾げた。

「忍君が結婚した後のことは、付き合いがないのでわからないんです。結婚後に何かあったっていうことなんですかね。そういえば、忍君って自分の姓の桜田じゃなく、奥さんの『皆川』を名乗ってますね。あれってどうしてなんだろ」

夫が妻の姓をつかうことは、あるにはあるが多くはない。私は、この夫婦のあり方について引っかかるものを感じた。

夫婦の関係

二〇一五年一月の夜、私は足立区の竹ノ塚駅に降り立った。駅前の並木道にはクリスマスのイルミネーションがまだそのままになっていて、幻想的な光がやさしく明滅していた。

ここを訪れたのは、忍の母親である亜佐美に会うためだった。宮本のもとを訪れてから一カ月余、私はあらゆる伝手《つて》を頼って実家の場所を探し当て、亜佐美からインタビューの承諾を得ていたのである。

駅前には歓楽街が広がるが、ネオンの灯《とも》る店はどこも安っぽく、路上で見かけるホステスは年嵩《としかさ》の貧相な女性が多い。それもそのはず。この町は「リトル・マニラ」と呼ばれ、外国人パブの密集地帯でもあるのだ。なかでも、都心から流れてきた四、五十代のフィリピーナが多く、客も安く遊ぶことを目的に集まってきた者ばかりだ。日本人が働くキャバクラやホストクラブもあるが、むろん、この地に見合ったそれなりの男女しかいない。八年前、忍も朋美もそのうちの一人だったのだ。

待ち合わせの場所は、駅から徒歩で二十分ほどのところにあるレンガ造りの古風な喫茶店だった。店内は山小屋をイメージしているのか、たくさんの植物が飾られ、丸太の形を残した机や椅子《いす》が並んでいる。

約束の午後八時を十五分ほど回ってから、亜佐美は二人の男性を引きつれて店に現われた。細身で頬がこけており、長い髪を茶色く染め、花柄の刺繍《ししゅう》が施された黒のロングスカートをはいている。明らかに水商売の雰囲気をまとっているが、五十を過ぎたばかりという年齢以上に、皺《しわ》だらけで不健康そうな痩せ方をしていた。若い時分の無理が祟《たた》っているのかもしれない。

亜佐美に付き添ってきた男二人は、明らかにタチの悪そうな風体で、名乗ろうともしなかった。一人は五十代半ばで黒のレザーコートを着て、片脚を引きずりながら歩く、やさぐれた強面《こわもて》の男。

もう一人は、茶色い髪のサイドを極端に刈り上げ、ピアスをじゃらじゃらつけ、手にはタトゥーや無数の〝根性焼〟の痕《あと》がある。年齢は二十歳前後か。しきりに貧乏ゆすりをして煙草《たばこ》を吸っていたが、背がかなり低く、体型も丸みを帯びていることから、なんとなく女性がヤンキー風の男装をしている感じがした。忍の一家を知る人物から「忍の妹の一人はFtM」(身体的には女性だが性の自己意識が男性であること)と聞いたことがあったので、もしかしたらその当人かもしれない。

亜佐美は店員にアイスコーヒーを注文すると、足を組んで煙草に火を点《つ》け、いらだたしそうに口を開いた。

「あんたさ、誰だか知んないけど、わざわざ私を呼び出すって何なのよ。ホント、面倒なんだけど。まさか、私が事件に関係あるとかって考えてんの?」

酒焼けしたような嗄《しゃが》れ声だ。誰に対してもこのように、挑むようなしゃべり方をするのだろう。

「初めに言っとくけど、あんたさ、事件で忍が全部悪いって思ってんの？　そんなことないからね！　あの子、私が竹の塚警察署に面会に行った時、『俺が全部かぶればいいんだ』ってはっきり言ってたわ」

忍がすべての罪をかぶるとは、どういうことなのか。

ちょうど店員がアイスコーヒーを運んできた。亜佐美がぴたりと話をやめ、よそを向いて煙草を吸う。男性二人も、なぜか顔を隠すように下を向いた。

私は店員が去るのを待って、彼女のペースに巻き込まれないよう、まず二人が結婚した時のことを聞かせてほしいと頼んだ。亜佐美は水商売を生業《なりわい》とする者の癖なのか、おしぼりでグラスの水滴をきれいにふき取った。

「まぁ、いいわよ。別に隠す必要なんてないし」

彼女によれば、忍はホストとして働いていた当時は、実家で暮らしていたそうだ。給料も少なく生活費に事欠いていたにちがいない。何の仕事も長つづきしないので、ホストクラブもそうなるだろう、と亜佐美は考えていた。

そんなある日、忍が改まって話があると言いだした。「俺、店で知り合った子と付き合ってんだ。ここ（家）出て、その子と同棲すっから」。その女性というのが、朋美だった。これまで忍は一度も女性と交際したことがなかったので、亜佐美は「初めての女にだまされてんじゃねえの」と思ったものの、ともかくは承知した。

「いいんじゃゃね？　あんたの好きにすれば？」

同棲をはじめてから一年ほど、忍からの連絡はまったくなかった。ところがある日、唐突に忍が朋美をつれて実家にやってきて、こう言った。

「ガキが生まれることになった。俺らのガキだ」

妊娠の報告だったが、まだ入籍していないという。亜佐美が「あんたら、生まれんなら籍入れれば？」と言うと、二人は素直にそれに従ったそうだ。

亜佐美にとって朋美に会うのは、この日が初めてだった。家にいる間、朋美はブスッとしてほとんど何もしゃべらなかった。右手に煙草、左手に喘息《ぜんそく》の吸入器を握りしめ、それらを交互に吸っていた。その不可解な仕草から、なんとなく嫌な予感を抱いた亜佐美は、「いつかこの女、何かやらかす」と思ったそうだ。

その懸念《けねん》はすぐに現実のものとなった。亜佐美はアイスコーヒーを音を立てて飲みながら嫌なことを思い出したかのように言う。

「朋美は、超腹黒い女なんだよ！　最初にそう思ったのは、籍を入れて『桜田』を名乗ってすぐ（クレジット）カードつくった時。あいつ、いきなり中古のエルグランド（大型の国産ミニバン）を買ったのよ。私、それみてすぐピンときた。こいつ、ぜってえ昔何かやらかしてブラック（リスト）に入ってたんだって。だから名前変えた瞬間、カードつくったんだ。ああ、忍だまされてんな、って思った」

蛇《じゃ》の道は蛇《へび》というが、亜佐美は朋美のやり口から本性を見抜いたのだろう。

「たぶん、その後も同じことやってたと思うよ。だって、一年か二年して、桜田の姓を皆川にコロッと変えたからね。どうせ『桜田朋美』の名前でブラックに載ったから、今度は『皆川忍』の名前で同じことやってたに決まってる。でなきゃ、苗字《みょうじ》をコロコロ変える意味なんてないからね。

それが朋美の仕業だってわかったのは、忍が金をつかわない子だからよ。買い物とかそういうの興味ないわけ。金貸してくれとか、これ買ってくれとか言われたことない。なのに、あの女と結婚した瞬間に、うちにやってきて金貸してくれだの、子供にご飯食べさせてやってくれだの、あの女に操られてるんだなってすぐに思った。

セコイのは、あの女は絶対自分じゃ頼みに来ないことよ。忍と子供だけに来させんの。たまーについてきたこともあったけど、ずっとそっぽ向いて私は知りませんみたいな顔してっからね」

話していているうちに気が立ってきたのか、テーブルを叩《たた》いたり、おしぼりを丸めたりする。

子供の食事の世話まで忍がしていたことが、私には意外だった。亜佐美はそれについてこう言う。

「あの女は、自分じゃつくらないらしいよ。子供は何から何まで全部、忍に任せっぱなし。オムツだって自分じゃ取り換えたことないって話だったからね。あの女はいつも妊娠してて腹膨らませて、煙草吸ってるばっか。忍が子供の面倒みるしかないでしょ。でも、あん時はホントしつこかった。だって、メシ食わせろと言って家にまで押しかけてくるんだよ。牛丼《ぎゅうどん》を子供の人数分買ってあげるとか、レトルトのカレーをあげるとかしたわ。現金だって全部で五万貸した。まだ十円も返してもらってないんだけど。十円ぐらい返せってえの！」

亜佐美は「ねえ、あんただって知ってんでしょ！」と、隣の年配の男に同意を求めた。男は、無言でうなずく。子供の小遣いまで取り上げたという亜佐美が貸したのだから、よほどしつこく頼み込まれたのだろう。

「そうそう、あの女は、自分の実家にまで忍をつかって金を借りさせてたみたいよ。ある日真夜中に、朋美の母親と妹がいきなりうちに押しかけてきたことがあった。『忍が金を返さないから、あんたが代わりに返せ』とかって言うんだよ。こいつら何言っちゃってんの、って感じよ。それで私は、知らねえよっつって追い返したら、今度は朋美の弟って名乗る男から電話がかかってきて、ヤクザみてえな口調で『てめえのガキが金返さねえなら、親が代わりに返すもんだろ！』って脅してきて、組名まで出してきた。こっちもムカついて『はあ？』って電話切ってやったけど！　まあ、あの家ぶっ壊れてんだよ。もう関わるのもごめんって感じ」

だんだん大きくなる声に、店員や他の客が怪訝《けげん》そうな目を向けてくる。私は話を変えることにした。

――忍さんと朋美さんは、生活費の不足分を粉ミルクの窃盗などでまかなっていました。それはご存じですか。

「粉ミルクの盗みの時も、クソ面倒だったわよ！　ある日、初めて朋美が忍なしで子供だけつれてうちにやってきたの。それでしれっと『忍が勝手に粉ミルクの転売をしてつかまって、私も裁判に呼ばれてるから子供たちをあずかって』なんて言うじゃない。それってどういうことって訊いても、忍が勝手にやったからよくわかんないの一点張り。男が女の入れ知恵なしに粉ミルクなんて大量に盗むわけないじゃない！　あれだって、あの女がやらせたにちがいないよ」

それが本当なら、朋美は忍を操ってあらゆる方法で金を集めていたことになる。亜佐美の話を鵜呑《うの》みにするわけにはいかないが、忍にとって朋美は「初めての女」で、朋美はすでに別の男性との間に一女をもうけている元ホステスだ。となれば、夫婦の力関係は自《おの》ずと想像できよう。朋美は忍に命じて、借金、窃盗、子づくりなどあらゆることをさせていたのかもしれない。

亜佐美は、隣の男二人に訴えかけるように言った。

「ねえ、あんたたちだって覚えてるわよね。忍はあいつにいいように扱われてどんどん顔や服装が変わっていったじゃん。すっごい覚えてるのは、いきなり坊主頭《ぼうずあたま》になったことよ。忍は小さな時から散髪が大嫌いで、絶対に坊主頭になんてするような子じゃなかった。たぶん、朋美にさせられたのよ」

二人の男は貧乏ゆすりをしながら煙草をくわえ、同意するように小さくうなずいた。

亜佐美はいら立ち、白いもののまじる長い髪をかきむしった。

私は、亜佐美の話をどこまで信用すべきか悩んだ。朋美が主導していたのはわかるが、粉ミルクを盗むとかアパートの備え付けのエアコンを売るとかいう行為には計画性も知性も感じられない。つまり、その程度の浅はかな考えしか持ちあわせていなかったのだろう。

私はコーヒーを飲んで、虐待が本当にあったのかと尋ねた。

「事件のことはまったくわかんないわ。粉ミルクの事件があった時に、私が朋美に強く怒って以来、二人ともうちに寄りつかなくなったから。ただ、玲空斗も玲花も普通のかわいい子で、忍にだってものすごく懐《なつ》いてた。私は、忍が暴力をふるってたのは一度だって見たことない。真相はわからないわよね。虐待があったって警察から聞いた時は、信じられなかった。でも、真相はわからないわよね。忍も朋美もまったく友達がいない子だから、あの家族のことはあの家族にしかわからないと思う」

実際、忍が玲花ちゃんを首輪で拘束して虐待しはじめたのは、粉ミルク事件の後だ。それは、裁判で明らかになっている。孤立した家族に、何かあったのか。

亜佐美はライターを激しくふってから、再び煙草に火をつけた。私は彼女が煙を吸い込むのを待って尋ねた。

――最初に亜佐美さんは、『俺が全部かぶればいいんだ』って忍さんが言ってたって話してましたが、あれはどういうことなんでしょう？

「事件が起きた後、一度だけ竹の塚署にいた忍に面会に行ったのよ。忍が玲空斗を殺すなんて信じられなかったから、本当は何があったのかって訊いたの。そしたら忍は『俺が全部かぶればいいんだ』って答えた。どうせ、朋美に命令されたんでしょ。全部忍のせいにしたら、あの女は何の罪も背負わなくていいわけだから、執行猶予《ゆうよ》で出られる」

――裁判で朋美さんは、「精神疾患で障害者二級だ」と言ってまともに供述をしていません。

「そんなの演技に決まってんじゃない！　なんであいつが精神病なのよ。そんなわけないでしょ！」

夫婦と近所づきあいのあった、畑中の話とまったく同じだ。少なくとも朋美のことを実際に知っている人たちは、誰一人として彼女を病気だとは思っていないのだ。

亜佐美は、煙草の煙を吐き出す。

「事件後ね、朋美は忍のとこに離婚届を送りつけてきたのよ。それなのに忍は朋美をかばおうとしてるの。あんな女から離れられない忍も忍だわ」

これも畑中から聞かされた、「偽装離婚」の話と同じだった。朋美が実刑を逃れて離婚をすれば、児童相談所は虐待の恐れはなくなったとして子供たちを返すかもしれない。そうなれば、朋美は再び多額の手当を月々手に入れられるようになる。やはり、計画されたことなのか。

亜佐美は、長い爪《つめ》でいら立ったようにテーブルを叩きながら言った。

「でも、私は真相をたしかめられない。忍は裁判の途中から、私との面会に応じなくなったのよ。私と話したら、本当のことを漏らしちゃうって慎重になってんだと思う……。あの子は私に嘘つけないから」

おそらく、あと二年少しで忍は出所する。その時に身元引受人となって忍を迎えるか、と私は訊いた。亜佐美は顔をひきつらせた。

「冗談でしょ！　忍の身元引受人になれば、あの女がまたくっついてくるのが目に見えてるわ。あの女だけはもうイヤ！」

彼女は怯《おび》えるように髪をかきむしり、煙草を立てつづけに吸った。朋美が恐ろしいのだろう。

二人の男は、初めとは打って変わって気の毒そうな目で亜佐美を見守っている。若い頃の因業《いんごう》を背負うように、彼女は自分が産み捨てた、分身のような息子に人生をかき乱されているのだ。

ふと見ると、亜佐美が吸っている煙草は、一度灰皿でもみ消したシケモクだった。

再逮捕

二〇一五年四月二十八日、この事件において決定的な出来事が起きた。

事件は、裁判が終わり、検察が控訴しなかったことで幕を閉じたかに思われていた。

だが、この日、新聞やテレビが一斉に忍と朋美が再逮捕されたことを報じたのである。見出しには「東京・足立の男児不明：両親逮捕　監禁致死容疑　異例、遺体未発見で」（毎日新聞二〇一五年四月二十八日）、「不明男児の両親再逮捕　監禁致死・遺棄容疑『口にタオル巻き』」（産経新聞二〇一五年四月二十九日）という過激な文字が躍った。ネットニュースのトピックスでも大きく紹介され、コメント欄には夫婦を罵倒する言葉が書き連ねられ、インターネット上で様々なスレッドが立ち上がった。

私は、ここまでの取材の結果を雑誌の原稿にしたばかりだったから、驚きを隠せなかった。いったい何が起きたのか。

NHKは、ニュースで次のように報じている。

■足立区・3歳児不明　ケージに監禁・死亡　遺体遺棄した疑い　両親を逮捕

東京・足立区で、当時、3歳だった男の子が行方不明になっている事件で、警視庁は、両親が男の子をウサギ用のケージに入れて監禁して死亡させ、遺体を都内の荒川に遺棄したとして、逮捕しました。

2人は、「言うことを聞かないので口にタオルを巻いていた」などと供述しているということです。

逮捕されたのは、東京・足立区の皆川忍容疑者（31）と妻の朋美容疑者（28）です。

この事件は、2人の次男で当時3歳だった玲空斗くんが、2年ほど前から行方不明になっているものです。

警視庁は2人が「遺体を遺棄した」と供述したことから、捜査を進めた結果、おととし3月までの3か月間にわたって、玲空斗くんをウサギ用のケージに入れて監禁し、暴行を加えて死亡させたうえ、遺体を足立区の荒川に遺棄した疑いが強まったということです。

これまでの捜査で、遺体は見つかっていませんが、朋美容疑者が「夫が遺体を入れた段ボールを荒川に持って行った」などと供述しているほか、荒川からは、ケージなどが見つかったということです。

調べに対し、2人は、「言うことを聞かず、騒ぐので口にタオルを巻いた。食事も2~3日に1回しか与えなかった」などと供述し、容疑を認めているということで、警視庁で詳しいいきさつを調べています。


（NHK二〇一五年四月二十八日）

前回の裁判では、玲空斗君の死について何一つ解明することができなかった。警察にしてみれば何が何でも夫婦に玲空斗君の死の責任を負わせなければ、面目は丸つぶれだ。そのため、裁判が終わった後も二人を呼び出して事情聴取を行い、捜査をつづけていたのだろう。

その結果、朋美から、「玲空斗をウサギのケージに監禁していた」「遺体を棄てたのは荒川だったかもしれない」という二つの重大な供述を引き出すことに成功する。荒川を捜索したところ、遺体は見つからなかったものの、川底のヘドロからウサギ用ケージとショベルを発見した。警察は自供と状況証拠から起訴に持ち込めると判断し、二人を監禁致死容疑と死体遺棄容疑で再逮捕したのである。

東京地方裁判所で二度目の裁判の初公判が行われたのは、二〇一六年二月二十五日だった。裁判所に出向くと、入り口前の抽選会場には大勢の傍聴希望者が詰めかけて列をなしていた。前回の裁判とは異なり、マスコミが数日前から「ウサギ用ケージに幼児を監禁した虐待死事件」として大々的に報じたためだ。裁判所の門の前には、報道各社のテレビカメラがいくつも押しかけていた。

午前十時、開廷。忍は、およそ一年二カ月の間に三十キロほど体重が落ちたらしく、空気の抜けた風船のようで、アトピーの肌が以前にも増して艶《つや》がなく見えた。だらしない仕草は相変わらずで、そわそわと膝《ひざ》をさすったり、手をこすり合わせたりする。時には急に独り言を言って、ほほ笑むこともあった。

忍の、被告人質問における返答は前回同様に曖昧《あいまい》で、子供たちの虐待を改めて指摘されても「さあ」「そんなつもりじゃないし」「一回しか（暴行を）してないし」などとうそぶいた。検察官や裁判官の質問に、明らかに小馬鹿《こばか》にしたような物言いをするが、弁護士に対しては事前に打ち合わせたらしく詳しく述べようとする。ところが、都合の悪いことに話が及ぶと、味方であるはずの弁護士にもあからさまに不愉快そうな態度をとる。かつての忍を知る、宮本が語っていた身勝手で幼稚な性格そのままだ。

一方の朋美はというと、二重顎《あご》の太った体型はそのままで、天井を見上げたまま口を開け閉めしていた。裁判官が何を尋ねても、うつろな目をして聞いているのかいないのかわからない。答えはほとんど「はい」とか「うん」とかしか言わない。そのくせ、自分に具合の悪い話には、急に能弁になってすべて忍がやったことだと主張する。

果たして詐病なのか――。傍聴席から私はそれを見極めようとした。畑中や忍の母親の亜佐美が話していたように、病気を騙《かた》っていると言われればそう見えなくもない。少なくとも彼女の姿からは、玲空斗君を死なせたことに対する反省の色は微塵《みじん》も感じられなかった。

検察側の二人に対する追及は、前回の裁判とはまったくの別物だった。夫婦は前回同様、言葉を濁していれば何とかなると考えていたにちがいない。だが検察は、何が何でも有罪に持ち込むという気概をみなぎらせて、玲空斗君の死の核心部分へ斬《き》り込んでいく。いまだに遺体は山梨県からも、荒川からも見つかっていなかったが、状況証拠さえそろえば有罪に持ち込めると考えているのだろう。弁護側が証人として朋美の母親をつれてくれば、検察は逆に、妹までも証人として法廷に立たせ、夫婦の非情かつ凶悪な虐待の実態を暴《あば》こうとしたのである。

この二度目の裁判で何が明らかになったのか。それを次に記したい。

裁判――二〇一六年

二〇〇七年に足立区ではじまった夫婦の生活は、忍が一家の働き手となって成り立っていたようだ。朋美は喘息の持病があり、結婚生活の大半を妊婦として過ごしていた。そのため、朋美はいつも部屋のソファーに横になって、忍にあれこれと指図していたらしい。

忍は派遣の仕事をしている頃から、家事や子育てを任されていた。オムツ交換、入浴、幼稚園の送り迎えなどはほぼ一人でして、料理も自炊する日はネットのレシピ検索を見て煮物以外は何でもした。ギョーザ、から揚げ、炒《いた》め物が得意だったという。

毎日の家事をこなしてなお、忍は朋美に気を遣ってばかりいた。子供たちに向かって、「母ちゃんが俺にとって一番で、おまえたちは二番目だからな」とくり返し話していたというから、よほど惚《ほ》れ込んでいたのだろう。朋美は法廷で、そんな言葉をかけられたことを「覚えてない」とあっさり否定したが、忍にとって朋美が「初めての女」だとしたら、十分に納得できる話である。

こんな一家に虐待の兆《きざ》しが現われるようになるのは、二〇一一年、埼玉県草加市のマンションで暮らしていた頃だった。玲空斗君についで次女の玲花ちゃんが生まれて一年ほどが経《た》ち、家には二人以外に夫婦と長女と長男の他、犬二匹が一緒だった。

一家の異変に最初に気づいたのは、朋美の妹の有紗《ありさ》（仮名）だった。同じマンションの別の階に、姉妹の母親の小百合《さゆり》（仮名）が住んでおり、有紗はシングルマザーとして子供とそこに同居していた。昼間、有紗は小百合に子供をあずけてアルバイトに出かけ、生計を立てていたのだ。

そうしたなかで、ある日、小百合が愛人のもとへ行ったきり、音信不通になってしまう事態が起きた。鍵《かぎ》を持っていかれた有紗と子供はマンションから締め出されてしまい、困った有紗が朋美に相談したところ、いま忍が逮捕されているので大人一人なら泊まれると言われる。そこで有紗は、小百合がもどってくるまで子供を児童相談所に一時保護してもらい、自分は朋美の家で寝泊まりさせてもらいながらアルバイトに出ることにした。

有紗によれば、虐待に気づいたのはこの時だったという。朋美は長男と長女を溺愛《できあい》していたが、二歳になるかならないかの玲空斗君には非常に冷たかったらしい。玲空斗君がヨタヨタと立ち上がって甘えるようにしゃべりかけても、「ふーん」と言い放って構おうとしない。また、親族で集まって食事をするような時も、朋美は小百合としゃべってばかりで、玲空斗君と口をきこうとする素振りすら見せなかった。

特にひどいと感じたのは、玲空斗君が置かれていた不衛生極まりない環境だった。玲空斗君は排泄《はいせつ》の仕方をしっかり教わっておらず、日に何度もお漏らしをした。朋美はおしっこが飛び散った床を拭《ふ》くとか、布団《ふとん》を干すとかいったことをしないで、垂れ流しのまま放っておいていた。そして、変色してアンモニア臭が漂う布団に、玲空斗君を寝かせていた。ちなみに、二匹の犬も排泄をしつけられていなかったようで、家のあちらこちらで好き勝手に大小便をしていたというから、さぞかし部屋は悪臭に満ちていたことだろう。

なぜ、きょうだいの中で玲空斗君だけがそのような目にあっていたのか。公判で朋美は、次のように話している。

「玲空斗は、言葉があんまりうまく話せませんでした……。しゃべるのは、『ママ』とか『パパ』とか、あとは単語の語尾だけ……食べたいを『たい』とか。二つ以上の言葉をつなげることができなかったんです……」

「トイレもダメ……教えてもできないし、一人でもしようとしないで漏らしてばっかり……。それで、理解してない、もうムリって思って、相手にすんのをやめたんです……」

玲空斗君とのコミュニケーションがうまくいかなかったから、冷淡な態度を取っていたというのである。だが、夫婦はこの時点で、ネグレクトだけでなく身体的虐待までしていた可能性が高い。検察側が新たに示した証拠によれば、同年の七月から八月にかけて玲空斗君が交通事故にあって、東京女子医大で診療を受けた。前回の裁判で、保険会社から通院看護料を詐取したことで有罪になった件である。この際、玲空斗君を診た医師が、カルテに「服が汚い」「煙草の痕?」というメモを残していたのだ。忍は煙草を吸ったことが一度もなく、この一家で煙草を吸うのは朋美だけということは、彼女の犯行ということになりはしないだろうか。

また、翌二〇一二年の二月五日から三月十九日にかけて、玲空斗君が埼玉県の越谷児童相談所に一時保護されたこともあった。職員が、玲空斗君の行動を観察して残した所見には、言葉がしゃべれないだけでなく、他の子供を叩いたり、物を奪ったり、机をべろべろ舐《な》める行動が見られるという記載がある。加えて、「虐待と疑われる外傷あり」という一文もあった。これらは、きちんとした養育がなされていないばかりか、暴力まで振るわれていた裏付けにもなる。

もう一つ証拠となるのは、前回の裁判で明らかになったようにこの頃、朋美の母親の小百合が児童相談所に「虐待」の通報をしていることだ。小百合はしばらく愛人宅で暮らした後、マンションにもどってきて、忍や朋美と大ゲンカをしている。この腹いせだったのか、小百合が児童相談所に連絡して虐待を暴露したのだ。もっとも小百合も娘たちとのケンカの際に、家のガラスを叩き割ったり、鍵穴に接着剤を流し込んだりと、ずいぶんと過剰反応しているところをみれば、良識のある大人でないのは明らかだ。

児童相談所は玲空斗君を一時保護したことがあったため、この通報を重く見て調査を開始しようとした。だが、忍と朋美は逃げるようにして、隣接する東京都足立区の舎人駅近くのアパートへ引っ越してしまった。忍の母・亜佐美の証言では、同じ頃に粉ミルクの窃盗事件で忍の実家とも関係が切れていたため、この時期から一家は完全に孤立したと考えられる。

足立区のアパートで、夫婦は何の思いつきなのか、犬を次々と飼って、その数は十匹を超えた。二人は飼うだけ飼って、ろくに面倒もみなかったらしく、家に連れてきた順に次から次と死なせてしまい、そのたびに死骸《しがい》を子供たちと一緒に荒川に捨てにいった。

夫婦はこうしたなかで、本格的な虐待を開始する。きっかけは、三歳になった玲空斗君が元気に動き回って、家を散らかすようになったことだった。

二人によれば、玲空斗君は台所の棚を勝手に開けて小麦粉やごま油、それに醤油《しょうゆ》を床にまき散らし、夜中に炊飯器の中身や冷蔵庫の残り物などを勝手に食べ漁《あさ》るようになったという。冷凍庫にあった、凍ったシシャモを食べてしまったこともあった。玲空斗君の散らかし癖については、児童相談所の一時保護の際の所見にも残っているので、実際にその傾向があったことは事実だろう。

初めのうち夫婦は、玲空斗君がいろんなものを引っ張り出してくるたびに言葉で叱《しか》っていたが、玲空斗君は言われても理解できなかったのか、何度も同じことをくり返した。やがて忍は「言ってもわからないなら」と手を上げるようになり、朋美もそれを追認したのだ。

忍の行為は、軽くお尻《しり》や手を叩くなどといったものではなかった。玲空斗君の全身に「児相に見せたら家族がバラバラになる」ほどのアザができていたというから、大人の力で加減せずに暴行をくわえていたはずだ。次女の玲花ちゃんにしていたように、持ち上げて顔面を拳《こぶし》で殴りつけるとか、足で顔を蹴《け》りつけるといったことが行われていたのではないか。

裁判で忍と朋美は、これは理解力の乏しい玲空斗君への「しつけ」だったと主張した。朋美は前回の裁判で忍のＤＶが恐ろしくて止められなかったと語っていたが、あっさりと翻《ひるがえ》してそう自己弁護したのである。弁護側も、玲空斗君に「発達障害」あるいは「発達遅滞」の傾向があるとして、養育する親には大変な負担がかかっていたと訴えた。

たしかに説明を聞くかぎり、玲空斗君の言葉は平均より遅れているようだし、衝動的な行動が目立つ。弁護側が証人として法廷に連れてきた医師も、児童相談所の所見から推測して「大変育てにくいタイプ」「自己コントロールできない子」だった可能性がある、と感想を述べた。

しかし、注意しなければならないのは、これらがあくまで夫婦側の主張であり、児童相談所での一時保護という特殊な環境で見られた姿だということだ。間近で玲空斗君を見ていた朋美の妹、有紗の意見は違う。二〇一二年の夏、朋美が妊娠して体調を崩したため、有紗が玲空斗君を自宅に引き取ってしばらく世話をしたことがあった。彼女はその時の経験から、次のように語る。

「玲空斗はあまりしゃべれないから、大変は大変です。でも、話を聞いたり、こちらがしっかりしゃべってあげれば、ちゃんと反応が返ってきました。自制心もありますし、育てにくいと感じたことはなかったです」

二歳を過ぎてもうまくしゃべれない子はいるし、活発な男の子であれば食べ物を散らかすなど当たり前だ。ましてや適切な養育がなされていなければ、そうした特徴がより顕著に出現することはある。

有紗の証言から考えるに、玲空斗君にある程度育てにくい傾向はあったかもしれない。それでも普通の夫婦であれば、子供にあわせて養育方法を変えるものだが、二人は思うに任せないというだけで暴力に走った。ゆえに、玲空斗君の発達の遅れにますます拍車がかかったのではないか。

とはいえ、夫婦は夫婦なりに玲空斗君の育児に悩んでいたらしく、小百合や有紗にたびたび「話を理解しない」「言うことを聞かない」などと愚痴をこぼしていた。自分たちではどうしていいか、わからなくなっていたのだ。

悩みをより深刻にしたのは、同年夏の終わり頃から、当時二歳だった次女の玲花ちゃんまでも玲空斗君と一緒になって家の中を散らかすようになったことだ。食用油を床にぶちまけ、きょうだいのぶんの食べ物まで勝手に口に入れてしまう。夫婦の目には、玲空斗君と玲花ちゃんが、家庭を壊す悪魔のように映った。

自分たちだけではどうにもならないと考えた夫婦は、十月に入ると玲空斗君と玲花ちゃんの件を行政に相談するようになる。最初に話を持っていったのは、同月三日に行われた三歳児の健康診断でだった。この時の記録では、玲空斗君の身長は八十八センチ、体重十三キロと平均と比べて少し小さいくらいで、特に大きな異常は見つかっていない。朋美は、問診の際にこう相談した。

「玲空斗があまりしゃべれないんで困ってます。二語以上つづけて話ができなくて、家でも何でもかんでも散らかして、注意してもぜんぜん聞かないんです」

担当者は話を聞いて、「玲空斗君に対する心理面接をしてみましょう」と提案した。心理面接とは、子供に話しかけたり、行動のテストをしたりすることで、発達や精神に障害があるかどうかを調べるものだ。その場で、担当者による心理面接がはじまる。ところが、朋美が途中でいきなり中止するよう求めた。

「今から長女を学校に迎えに行かなきゃならないんです！　なので、また今度にしてください」

そして玲空斗君をつれて帰宅し、そのまま担当者との連絡を絶ってしまった。

この後も育児に手を焼いた夫婦は結局、秋から冬にかけて電話相談や児童相談所に連絡して、同様の相談を行っている。担当者は親身になって、面会や一時保護の話までしたが、いずれも二人は勝手にキャンセルする、電話に出なくなる、といったことをくり返して支援の道を自ら放棄してしまった。

なぜ、行政の支援を受け入れなかったのか。この理由について、忍は「しゃべれねえ奴《やつ》とどうやって面接するんだ」という思いがあったとか、児童相談所が約束を破ったので「こいつら口だけだな。もういいや」と思ったとうそぶいている。朋美も、これまで相談しても何もしてくれなかった「行政への不信感」があったと語る。

だが、この時期すでに虐待《ぎゃくたい》がはじまっていたことを考え合わせると、行政に介入されれば玲空斗君の体のアザがバレる、と恐れていたのではないだろうか。虐待だと認定され、子供たちが一時保護されたら、生活の糧《かて》としていた多額の手当が失われる。だからこそ、自ら相談しておきながら、行政が面会や保護の話を具体的に進めようとした途端に、一方的に関係を絶ったと推測できるのである。

ウサギ用ケージでの監禁がはじまったのは、まさにそうした流れからだったのだろう。十二月の上旬、玲空斗君がいつものように台所の食材を床にぶちまけてしまう。朋美は、これまでたまっていたものを爆発させるかのように、家にあったケージを指さして忍に言った。

「玲空斗が暴れないように、ここに閉じ込めておこうよ！」

忍はそれに同意して、玲空斗君を閉じ込めることにしたのだ。

ケージは、ピンクの台に白い柵《さく》がついているものだ。大きさは縦四十センチ、横五十七センチ、高さ四十六センチ。身長約九十センチの玲空斗君が入れられれば、中で膝を抱えて頭を垂れた姿勢をとるのが精一杯だ。体の向きを変えることすらままならない。

監禁がはじまって何日間か、玲空斗君は嫌がって、何度もケージの扉を開けて逃げ出した。だが、夫婦は容赦しなかった。ケージの上の扉に重石《おもし》として英語教材やダンベルを載せ、横の扉は結束バンドで結わえて抜け出せないようにした。同時に、玲花ちゃんにも犬用の首輪をつけ、リードをベッドの脚などに結びつけて歩き回れないようにした。

夫婦は、こうした行為を虐待と自覚しておらず、あくまで「しつけ」であって、食事やトイレの時に外へ出していたことから自由を与えていたと考えている。まさにウサギや犬を飼うのと同じ感覚だったのだろう。だが、監禁は日ましにエスカレートしていき、年末からは正月の三が日を除けば毎日二十四時間、行われるようになった。

きっかけは、実家でのクリスマスパーティーにあった。

その日、夫婦は玲空斗君たち子供を実家である小百合の家に預け、外出した。預けられた玲空斗君は、パーティーの最中に朋美の弟のピザを食べてしまった。夫婦がもどってきてから、小百合がその一件を報告したところ、朋美が激怒して忍に命じた。

「この子、また食べ物取ったんだって！　怒りなよ！」

忍は朋美の言いなりになって、玄関で玲空斗君の首をつかみ宙に持ち上げて顔を近づけると、「おめえ、何やってんだ！」と怒鳴りつけた。玲空斗君は怯えて泣き、「さい！　さい！」（ごめんなさいの意）と必死に謝った。

あまりに玲空斗君が怖がるので、小百合が見るに見かねて朋美に「やめさせな！」と言った。朋美が仕方なしに「もうやめてあげて」と制して、ようやく収まった。これが、二人の虐待が目撃された唯一《ゆいいつ》の場面である。だが、ケージへの監禁の経緯も含め、おそらく足立区のアパートでは、この場面のように朋美が激怒して忍に折檻《せっかん》を命じることがくり返されていたと思われる。

この晩、夫婦は子供たちをつれてアパートに帰ったが、そこでも玲空斗君は別の子供のお菓子を取って食べてしまう。これで夫婦は、「もうずっと閉じ込めなきゃダメだ」と考えるようになり、朝から晩まで毎日ケージに入れておくことにしたのである。

ケージの中で身動きさえとれない日々を過ごすうちに、玲空斗君は日に日に衰弱していった。初めの頃はケージを揺さぶったり、「わー」と大声を上げたりしていたが、騒ぐ回数は徐々に減っていった。やがて言葉すら発しなくなって、ケージの中から家族を恨めしそうにじっと見つめるだけになった。

朋美は、ケージの玲空斗君の眼差《まなざ》しが気持ち悪くてならなかった。ある日、忍を呼んで「玲空斗と目が合うのが嫌だから」と、ケージを何かで覆《おお》うように命じた。彼は、二つ返事でケージを段ボールで囲ってしまった。こうして玲空斗君は、ケージの外を見ることすらできなくなった。

夫婦は、こうしたことの残虐性を認識しつつも、「しょうがないこと」と考えていた。二人が有紗の家に遊びに来た時、有紗に向かって忍が平然とした顔でこう言ったことがあった。

「夜中に玲空斗が、ご飯の残り物とか冷蔵庫の中身とかを勝手に食べちゃうんだよね。だから、ケージに入れてるんだ」

隣にいた朋美も、当然のように相槌《あいづち》を打つ。

「閉じ込めてる時は、ずっとTシャツとオムツ一枚にしてる。玲空斗はまだトイレができないから汚しちゃうんだよ」

二人の言葉に驚いた有紗は、「そんなのダメだよ」と注意した。ところが、二人に悪いことをしているという意識はないようで、聞き流していた。

ここまでやっても、二人は罪の意識がなく、寝る前の一、二時間だけ外に出して他の子供と遊ばせていたことから、ちゃんと育児をしているつもりでいた。だがこれから先、玲空斗君をどうするかはまったく考えていなかった。朋美は「成長とともに(玲空斗君がケージに)入らなくなってしまうと思ってました」としか考えていなかったし、忍にしてもその場しのぎの性格を考えれば、計画などなかっただろう。彼は最初から最後まで、朋美に言われたことを何の思慮もなしに実行するか、その時の感情に流されて動くかするだけだった。

二〇一三年の二月に入る頃には、ケージの中の玲空斗君は衰弱が著しくなり、食事もろくに口にしなくなっていた。おそらく足腰の筋力は衰えて、立ち上がったり、何かを訴えたりするような気力すら残っていなかったと思われる。だが夫婦は、「(玲空斗が)食べなければお漏らしすることもない」と、二、三日に一度しか食事を与えないことにする。

　こうして、その日が訪れるのである。

　三月二日は晴れた土曜日だった。夫婦は朝七時に起き、長女と長男を車に乗せてショッピングモールに遊びに出かけた。玲空斗君と玲花ちゃんはアパートに置き去りにされていたが、すでにこの頃、外出の際はかならず監禁したままにするのが習慣になっていた。

　丸一日ショッピングモールで遊んだ後、午後八時頃には自宅近くの「華屋与兵衛《はなやよへえ》」竹の塚店に寄り、しゃぶしゃぶ食べ放題のコースを注文した。「ベーシックコース」なら大人一人二千円強、小学生は半額だから、最低でも六千円超になったはずだ。

　一家は九時過ぎに帰宅し、忍は玲空斗君をケージから出してオムツを交換、夕飯にすいとんを食べさせた。忍が調理したもので、玲花ちゃんも一緒に食べる。玲空斗君は床にぺたんとすわって食べさせてもらいながら、「おいしい」とつぶやいた。この頃の玲空斗君はゆっくりとではあるが成長の跡をみせていて、嬉《うれ》しかったり、よかったりすると、すべて「おいしい」と言っていたのだ。

　夕飯を終えると、長男と長女はテレビを見て過ごし、玲空斗君は一人でブロックのおもちゃで遊んでいた。午後十一時、あと一週間後に出産を控えていた朋美が先に寝室に入った。長男と長女も丸一日遊んだ疲れから、つづいて布団にもぐり込んだ。

忍は三人が寝静まると、玲空斗君を再びケージに入れて、一人リビングで携帯電話をいじっていた。異変が起きたのは、午前二時のことだ。突然、ケージの玲空斗君が、「あー」とか「わー」とかいう奇声を上げだしたのだ。

朋美たちが起きてしまう――。そう思った忍は、ケージに歩み寄って「静かにしろ！」と怒鳴りつけた。玲空斗君がしゅんとして静かになる。だが、その場を離れると、また「あー」「わー」と叫び声を上げる。何度注意しても、玲空斗君は叫ぶのをやめようとしない。

忍は、「新手の嫌がらせをはじめやがった」と思った。それなら力ずくで静かにさせよう。忍はケージを開け、玲空斗君の口にタオルをくわえさせ後頭部で縛った。声を出せなくなった玲空斗君は、膝を抱えた姿勢で頭を垂れて押し黙った。忍によれば、それから何度かケージをのぞき込んで確認し、四時半頃には睡魔に襲われて眠りについたそうだ。

翌朝の日の出は、六時過ぎだった。窓の外が白みはじめても、朋美は子供たちとともに眠りについていた。そんな静寂を、リビングから響いてきた忍の叫び声が破ったのは六時半頃のことだった。

「や、やべえ!」

寝室の朋美は、あまりの大声に飛び起きた。何が起きたのかとリビングに行くと、忍がケージの中の玲空斗君をのぞき込んでいた。玲空斗君は口にタオルをくわえさせられ、鼻から白い細かな泡の固まりを出してぐったりしている。泡は、ピンポン玉ぐらいの大きさだった。

朋美は目を疑った。

「な、何してんの!」

「夜、うっせえからこうしたんだ」

「なんで、そんなことすんのよ!」

歩み寄ると、玲空斗君の呼吸はすでに止まっていた。

忍は玲空斗君を床に横たえ、心臓マッサージを施した。小さな体は、力なく左右に揺れるだけだ。

しばらくそれを見ていた朋美が、いてもたってもいられなくなり、玲空斗君の体に触れた。まだぬくもりがある。水をかければ目を覚ますかもしれない、と思い立って玲空斗君を浴室へ運び、服の上からシャワーで水をかけた。玲空斗君はそれでも目を開けない。

傍で見ていた忍はじっとしていられなくなり、玲空斗君に歩み寄って再び心臓マッサージと人工呼吸をしだした。小さな体は冷たくなっていくだけだ。

朋美は青ざめた。

「ねえ、救急車を呼んだ方がいいよ」

「ダメだ。そんなことしたら俺らが殺したってことになるぞ。児相が来て家族がバラバラになっちまう」

ケージに監禁したり暴行したりしていたことが露見すると恐れたのだ。忍自身が、半年余り前に窃盗の罪で執行猶予の判決を受けていたこともあったかもしれない。この期《ご》に及んでも、子供の命より自分たちの身を優先したのである。

朋美はもう一度、救急車を呼ぼうと言ったが、忍から返ってきた答えは同じだった。朋美も虐待が発覚して家族が崩壊してしまうことが恐ろしく、それ以上強く言うことができなかった。そして、玲空斗君の死を隠さなければならないと思うようになる。

玲空斗君の体が完全に冷たくなった。忍が決心したように言った。

「玲空斗を埋葬しなきゃな。山に埋めるか川に沈めるかしよう」

子供たちも目を覚まして一部始終を目撃していたし、遺体を家に置いたままにするわけにはいかない。朋美はうなずいた。

忍はパソコンを開き、インターネットで遺体を棄《す》てる場所を探しはじめた。その間、二人の間に、「川に沈めるなら、浮かばないように遺体に穴を空けなければならないけど、それはかわいそうだね」などというやり取りもあった。やがて二人が出した結論は、「玲空斗は自然が好きだったから樹海に埋めてあげよう」というものだった。こうして山梨県の山中に遺棄することが決まったのである。

夫婦は、玲空斗君の濡《ぬ》れた服を着替えさせることにした。ケージに入れている時はオムツにTシャツだけだったのに、この時ばかりはデニム柄のズボンに長袖《ながそで》のシャツ、靴下、それに靴まで履かせた。そして、「マミーポコ」の段ボール箱を柩《ひつぎ》がわりにして、遺体を横たえた。葬儀でもしているつもりだったのだろうか。

長男、長女をつれて家を出たのは昼過ぎ。夫婦はまずホームセンターでショベルを購入し、次に近所のコンビニで朋美の煙草《たばこ》に、昼食用のおにぎりとウーロン茶を買った。玲空斗君の遺体を乗せた車は、中央自動車道に入って一路、山梨県へと向かった。

車の中で、一家がどのような気持ちでおにぎりを食べ、何をしゃべっていたのか、法廷では語られなかった。ただ、八王子インターチェンジのNシステムによって、午後七時四分に一家の車が通過していることが明らかとなっている。間違いなく、夫婦は子供たちとともに玲空斗君の遺体を「埋葬」するため、山梨県へ行ったのだった。

判決

二〇一六年二月二十五日からはじまった裁判は、一週間余りにわたって行われることになった。前回と異なり統一公判となったことで、同じ法廷に夫婦は隣り合ってすわり、互いの供述に耳を傾けた。

二人はいずれも無表情で、質問に淡々と答えるだけだった。あまりの感情のなさに、弁護士が心証を悪くしないよう「反省しているよね」「悪いことをしたと思っているよね」と助け舟を出しても、変わらぬ声音で「はい」としか返事をしない。その二人の態度から、罪の意識を感じ取ることはまったくできなかった。

たとえば朋美は、玲空斗君を死なせてしまったことをどう思っているかと問われると、反省して「南無妙法蓮華経《なむみょうほうれんげきょう》」と毎日唱えていると語った。だが、現実には、玲空斗君を遺棄した翌日に、朋美の提案で「気分転換とストレス軽減のため」と称して、東京ディズニーランドへ家族で出かけ、丸一日遊んでいるのだ。本当に玲空斗君の死を悼《いた》んでいたら、出産まであと数日と迫った体でどうしてそんなことができるのか。

検察側は、忍と朋美の無責任、無神経な発言に何度も眉《まゆ》をひそめながら、証拠を一つひとつ丁寧につみ上げていった。それは、まるで状況証拠を並べて、二人に自らの残酷さと罪の重さをなんとか理解させようとしているかのようだった。

裁判の最大の争点は、夫婦に対して監禁致死罪を適用できるかという点だった。つまり、口をタオルで縛ってケージに監禁したことで玲空斗君が死亡したと認められるかどうかということだ。

忍は、玲空斗君の口をタオルで塞《ふさ》いだことは認めたものの、「息はできていた」と主張した。朋美は、あの夜は早い時間に眠っていたので何も知らないし、監禁やタオルをくわえさせるなどの行為は忍の独断だったと、責任を否定した。二人とも、玲空斗君の死とは無関係だと言い切ったのだ。

検察はそれに対して、虐待から死亡にいたる経緯を明らかにし、鼻から出ていた白い泡の固まりが「遷延性《せんえんせい》窒息」（長時間かけて窒息に至ること）によるものと主張。さらに朋美も、監禁に同意し、指示もしていることから、共犯であることは明らかだとしたのである。

裁判官や裁判員は、難しい判断を迫られたはずだ。だが、最終的には検察の主張を認める形で、「被告人両名が共謀した監禁行為の一環として（中略）、別個の行為と言えない」として、二人に監禁致死罪が成立すると判断した。

そしてもう一つ、裁判で最後まで被告に問われたのが、死体を遺棄した場所についてだった。

忍の供述は、以下のごとくである。二〇一三年三月三日の夜、車で山梨県へ向かった一家は、河口湖近くのN社の駐車場に行き、その脇《わき》の土を掘って遺体を埋めようとした。だが、気温は氷点下になって土が凍って思うように掘れなかった。それでいったんはあきらめて、近くのK社へ場所を移したものの、そこも同じだった。

一家は車でN社の駐車場にもどり、十分ほどかけてなんとか長さ一メートル、深さ三、四十センチほどの穴を掘った。忍は、つれていった長男を穴に入れ、大きさが足りていることを確認してから、段ボールごと玲空斗君を運んできて、遺体だけを穴に横たえた。最後は、長女と一緒に落ち葉をかぶせて埋めたという。

一方の朋美の主張は、異なる。自分は臨月だったこともあって、N社でもK社でも車の中で待機して外には出ておらず、何が起きたかは見ていない。ただ、忍がうまく土を掘れずに帰ってきたように見えた。さらに、山梨県からもどって北千住駅近くの荒川沿いに車を停車させた忍が、「段ボールを捨てる」と言って重そうにかついで土手の向こうへ消えるのを目にしたという。また後日、忍が同所にウサギ用ケージやショベルを棄てたり、土手に立って祈ったりするのを見ていたことから、「荒川に捨てたと思ってた」と述べた。

それに、彼女はこうつけ加えた。

「昔、うちで犬とかが死んだ時、夫は子供たちと一緒に荒川に捨ててました……。だから、（玲空斗君についても）そうしたんじゃないかって思いました」

朋美が言った場所は、大量のペットの死骸を捨てた場所だったのである。

ちなみに、長女は山梨県内で穴を掘ったことは認めたものの、「二回目（に掘った詳しいこと）は覚えてない。パパとママに訊《き》いてよ」と証言を拒んだらしい。あまりに重い現実ゆえ口を閉ざしたか、記憶から抹消したのかもしれない。

警察は二人の供述をもとに荒川の捜索を行ったが、出てきたのはケージとショベルのみだった。裁判でも検察側、弁護側、裁判官からくり返し追及がなされたが、二人の主張は最後まで食い違ったままだった。

「荒川には捨ててません。山梨県内に埋葬しました。考えたくないっすけど、遺体が見つからないのは動物とかが掘り起こしたんじゃないっすかね」

「私は車から降りていないので、どっちかははっきりしません。けど、彼は山梨の駐車場で土を掘ろうとして硬くてダメだったと言ってました。また、段ボールを荒川に運んで手を合わせているのを見ましたし、その後、何度か荒川へ行った時も祈ってました」

当初、私は二人が罪を軽くするために嘘《うそ》の供述をしているのではないかと疑っていたが、受け答えを聞いているうちに、本当に二人とも記憶していないのではなかろうかと思うようになった。彼らにとっては、その程度のことでしかなかったのかもしれない。

結局、荒川を本格的に捜索するには、二億円近くかかることもあって、警察は断念。裁判官も、遺体が見つからないまま死体遺棄を認めることになった。

裁判官が三月十一日、監禁致死罪と死体遺棄罪によって夫婦に下した判決は、次のとおりである。

忍——懲役九年

朋美——懲役四年

こうして事件は、玲空斗君の死から三年を経てようやく終止符が打たれたのである。

だが、二年近く事件を追ってきた私には、ただただ後味の悪さしか残らなかった。

二人は玲空斗君を愛していたと語ったし、虐待や監禁を悔やんでいるとも言っていた。死後、何度も荒川へ行っては手を合わせたという。

ところが、すでに見てきたように、二人が心から悔いているとは、とても思えなかった。そこで、これまでの取材で見えてきた忍の人となりを思い返してみる——。彼ならば、手に余る子供にその場の感情にまかせて手を上げたり、朋美に言われるままに監禁したりしたであろうことは容易に想像できる。

では、朋美の方はどうか。彼女も忍と同じように人格のゆがんだ人間なのだろうか。それとも、もっと狡猾《こうかつ》な人間なのか。この事件の真相に光を当てるには、残る朋美の人間像を解き明かす必要があった。

もう一人のモンスター

判決からおよそ一週間後の三月十七日。その日の朝、私は地下鉄千代田線の綾瀬《あやせ》駅で降り、北西に向かって歩いていた。

空は青々と晴れわたり、雲一つ見当たらない。気温もこの時季としてはかなり高いと感じるほどで、照りつける太陽のせいか、街全体が明るく、すれ違う人々が楽しそうにしているように見える。

そんな光景も、首都高速の下を流れるどぶのような綾瀬川をわたると、別の町に迷い込んだように一変する。錆《さび》だらけの町工場や苔《こけ》むして見える団地が目立つようになり、人影がすっかりなくなる。地図で見るかぎり、このもの寂しい住宅街の奥に目的地があるはずだった。

この日、私は朋美の母・小百合が住む都営住宅を訪れることになっていた。一年以上捜し回ってようやく居所がわかったのだ。私は小百合を通して朋美の生い立ちや人間像を明らかにしようと思っていたが、胸にはあることが引っかかっていた。

それは、しばらく前にあるルートから入手した忍・朋美一家の家族写真だった。取材を進めるうちに、私は夫婦をよく知る人物に出会い、一家の写真や手紙を見せてもらえることになったのだ。

当初、私はそれらの中には悲惨な家族の様子が写っており、虐待の証拠になるものがあるのではないかと思っていた。ところが、見せられた三十枚の写真はことごとく予想を裏切るものだった。家族が仲睦《むつ》まじく寄り添い、Vサインをしたり、笑顔で頬と頬をくっつけたりしているものばかりだったのだ。

〈忍が幼い子供たちと湯船につかり、幸せそうな笑顔を浮かべている写真〉

〈子供の誕生日に、みんなでケーキに蠟燭《ろうそく》をさして祝っている写真〉

〈カメラの前でふざけた顔をして笑っている写真〉

〈朋美が出産した時に、忍が子供たちと見舞いに行って生まれたばかりの赤ん坊を抱

いている写真〉

写真の中には、玲空斗君が顔を腫《は》らして包帯を巻いている姿もあったし、犬用の首輪につながれているらしい玲花ちゃんの写真もあった。だが、そんな二人ですら、他のきょうだいと同じようにカメラの前で笑顔を浮かべ、忍や朋美になついているのだ。そして夫婦も、裁判の時とは別人のような明るく幸せそうな表情で、子供たちと肩を組んだりポーズをとったりしていた。

この他に、朋美が忍に送った手紙も見せてもらった。そのうちの一通は、虐待が行われた年に書かれたものだった。内容からすれば、忍が軽犯罪で逮捕されて警察で取り調べを受けている時期とも考えられる。

パパへ

今週はあんまり会えなかったね。

土日でまた会えなくなっちゃうから手紙書いた。

金曜日で10日だね。パパが家にいなくなってから、もう10日もたっちゃった…。

子供達は相変わらず面会で見ての通り元気だけど、皆パパが大好きだから、いないのは寂しいんだよ。

でも、私がこんなんだから、ああやって元気にふるまってんだ…どんなに小さくても皆が、分かってる。パパがいないとママはダメになっちゃうって。

バカだよね。子供たちに気を付かわせて《ママ》…でも自分でもそう思うんだ！

どんなにケンカしても私にはパパしかいない、パパぢゃなきゃダメなんだって…

早くパパには帰ってきて欲しい。それで、1から皆で笑って生活がしたい!!

手紙書いてて思ったんだけど、パパがいなくなってから全く笑えてない。何でだろう…面会に行った時ちゃんと話せて笑えてるカナ？

1人で5人は、とっても大変…やっぱ、パパがいて7人揃《そろ》ってウチは仲良し家族だよ!!（以下略）

朋美は足立区のアパートで一人、子供たち五人の面倒を見ながら、警察に勾留《こうりゅう》されている忍のもとに面会に行ったり、こうして手紙を出したりしていたのだ。こうした文面からは、朋美が忍を心から愛し、子供たちを大切に想《おも》っている姿が浮かび上がる。朋美の手紙に交じって、子供たちが書いたものもあった。子供たちのプライバシーを考慮して掲載は差し控えるが、それらからは子供たちが忍を慕い、早く会いたいと願っている様子がつたわってくる。

私は写真や手紙を見て、それまで抱いていた虐待家庭のイメージが音を立てて崩れるのを感じた。この事件を取材する前、私は忍と朋美が金を手に入れるためだけに子供を産み、殺し、死体を隠したのだと思っていた。ケージの監禁についても、子供を〝金のなる木〟としか思っていないからできることなのだと考えていた。

しかし、取材をここまで進めたうえでこれらを見ると、二人は二人なりに家族を愛していたと認めざるをえなくなった。その方法も感覚も根本からまちがってはいたが、夫婦なりに精いっぱい、子供たちの笑い声が絶えない温かな家庭を築き上げようとしていたのだ。それに気づいた時、わが子を愛《いつく》しみながら、家庭を崩壊させることしかできない親の悲しみを感じずにはいられなかった。

駅から三十分ほど歩いて、ようやく朋美の母親が住む都営住宅に着いた。四階建ての団地の壁はくすんだ灰色で、エレベーターはなく、両端に薄暗い階段があるだけだ。私はそれを見た時、忍の祖父、つまり母親・亜佐美の実家もまた、足立区内の同じように古めかしい都営住宅であったことを思い出した。

一階にある部屋の前に立ってチャイムを押すと、中から女性の声が聞こえてきた。ドアが開くと同時に、白い小さな犬が飛びついてくる。すさまじい動物臭のなかで、小百合が壁に寄りかかるようにして立っていた。朋美以上にでっぷりとし、顎《あご》の肉が垂れ下がって、手足は赤ん坊のようにパンパンだ。

「はじめまして。先日連絡した石井です」

私が頭を下げると、小百合はうめくような声を発して手招きした。中に入れということのようだ。私は靴を脱ぎ、じゃれつく犬を押さえつつ、家に上がった。

間取りは、都営住宅の典型的な2ＤＫ。玄関を入った正面に三畳ほどのダイニングキッチンがあり、その奥に部屋が二つ並んでいる。あらかじめ調べたところでは、築三十年弱。床にはゴミ袋や調味料などが無造作に転がり、キッチンは汚れた食器が重ねられたままだ。電気が消されているため薄暗く、あまりに激しい動物臭のせいで、息がつまりそうだった。

朋美は、忍同様に五人きょうだいの一番上である。すぐ下に長男（取材時二十七歳／以下同）、さらに父親の異なる次女の有紗（二十四歳）、次男（二十三歳）、三男（十三歳）といる。今、ここには、小百合と有紗と三男、そして有紗がシングルマザーとして育てている子供が暮らしているという。

小百合は脚が不自由らしく、壁につかまりながら巨体を揺さぶって歩いていた。流しと向かい合って小さな卓袱台《ちゃぶだい》があり、彼女はその前の椅子《いす》に腰を下ろすと、私には下にすわるように床を指し示した。足元に転がる紙くずやビニールをよけてから、私はあぐらをかく。先ほどの犬が尻尾《しっぽ》をふって膝《ひざ》の上に乗ってくる。

電気をつけようともせず、小百合は「鼻セレブ」の箱をかかえ、数秒おきにティッシュで鼻をかんでは、丸めて床につんでいく。花粉症らしい。朝からずっとそうしているようで、すでに三十センチほどの高さの巨大なティッシュの山ができていた。

私は異臭に何度もむせ返りつつ、まずは朋美の生い立ちから尋ねてみた。小百合は顎の肉を揺らして答えた。

「とおみは、ほすどのみながわのごでぇ……」

?……何を言っているのかまったく聞き取れない。四回ほど訊き返して、どうやら、「朋美はホストの皆川の子で」と言っていることがわかった。

言語障害でもあるのかと思ったが、訊いてみると、彼女はまだ五十一歳だというのに、歯が一本もなく入れ歯さえはめていないのだった。入れ歯は痛いからつかわないのだそうだ。したがって、以下の会話は、何度も聞き直して確かめたうえで、わかりやすいようにしたものだ。

実家は、足立区の五反野《ごたんの》駅近くの土地持ちの家で、小百合は長女として生まれ育った。家柄とは裏腹に幼い頃から素行が悪く、行く先々で問題を起こすような子供だった。そのせいもあって、高校は三年時に中退。それからは、銀座などでホステスとして働くようになったらしい。

時代はまさに、バブルの絶頂期を迎えようとしていた。夜の街には札束が飛び交い、小百合も十代としてはありえないぐらいのお金を稼いでいたようだ。彼女はすぐに夜遊びを覚え、あり余る金でホストクラブに通い詰めるようになった。足しげく通ったのが、浅草の店で、そこでホストとして働いていたのが後に結婚する皆川だった。

小百合は皆川に入れあげた。皆川に求められるままに、かなりの額をつかったらしく、二人は店の外でも会うようになり、自然と男女の仲になった。いってみれば、小百合がパトロンで、皆川がヒモのような関係だったのだ。

二十二歳の時、小百合は皆川の子供を孕《はら》んだ。それが朋美だった。小百合は籍を入れないまま朋美を産み、その後もいい加減な関係をつづけていたが、一年ほどして今度は長男を妊娠、出産した。これまで一度も同居したことがなかったものの、さすがに子供が二人もできたことから、入籍する。ところが、どこまでもホストとホステスの関係だったのだろう、最後まで一緒に暮らすことのないまま、一年余りで離婚してしまった。

小百合は、皆川と婚姻関係にあった時から複数の男と同時に付き合っていたのか、離婚後すぐに別の男性と再婚した。自動車整備会社で働いていた岡島圭介《けいすけ》（仮名）だ。そして、彼との間に有紗と次男、そして三男をもうけた。再婚した時にまだ四歳だった朋美は、実の父の皆川と暮らしたことがなかったので、岡島を父親だと思い込んでいた。

再婚してからも、小百合の無軌道ぶりが改まることはなかった。それを象徴するのが、頻繁にくり返される引っ越しだ。彼女は粗暴な性格から、どこでも誰かと衝突してしまい、そこにいられなくなって逃げるように他所《よそ》へ移り住む。朋美はそれにふり回され、転校こそしなかったものの、四歳、六歳、八歳、十二歳、十四歳と中学卒業までに五回も住所が変わっている。その混乱した生活は、幼い朋美の精神に何かしらの影響を及ぼしただろう。事実、朋美も忍と結ばれてから、数年おきに引っ越しをしているのだ。

朋美が社会のレールから外れるのは、中学三年の九月のことだった。一歳上の先輩と、家族ぐるみの付き合いをしていた朋美は、同級生の女子の嫉妬《しっと》を買ってしまう。朋美は学校で深刻ないじめを受けるようになり、不登校になった。

同時期、朋美にはもう一つ大きな出来事があった。ある日、小百合に竹ノ塚駅前へつれていかれ、止めてあった車の中に押し込まれたのだ。そこには実の父である皆川がいて、いきなり「彼が本当のお父さんだから」と言われる。朋美は、この一件がかなりショックだったと話しており、不登校の一因になったとも考えられる。いずれにせよ、彼女は中学校へは卒業まで一度も出席することなく、自分で見つけてきたフリースクールに通った。

中学卒業後、朋美は入学試験に学科試験のない都立の単位制高校へ進学した。いわゆる、チャレンジスクールと呼ばれるものだ。不登校になりながらも、学校へ行こうとしていたことを考えれば、朋美は朋美なりに真っ当な人生を歩もうとしていたのかもしれない。

だが、小百合がそんな彼女の足を引っ張る。小百合は隠れて膨大な借金をつくっていて、それが露見して岡島から離婚されてしまうのだ。小百合はちょうど妊娠中で、シングルマザーとして五人目の子を産まなければならなかった。

当時の小百合は水商売を辞め、保険会社の外交員となっていた。給料は歩合が占める割合が高いから、出産直後の彼女に収入はほとんどなかったはずだ。そうした環境で、朋美が金銭がらみの問題を引き起こす。高校二年の時、付き合っていた先輩に「妊娠した」と嘘をついて中絶費用をだまし取ったのだ。結局、それがもとで、朋美は退学処分になった。

それからの朋美は、母親と同じようにホステスの道を歩む。学校を追われ、家が困窮しているとなれば、水商売の道しかなかったはずだ。最初は、江戸川区の葛西《かさい》にあるキャバクラに勤めたが、寮生活で人間関係がうまくいかず、実家にもどって竹ノ塚駅東口にあったキャバクラで働きはじめた。先に記したように、朋美はこの店に通う客との間に長女をもうけるが、相手が二十二歳年上の妻子持ちだったため、籍を入れずにまとまった養育費をもらって縁を切る。

朋美が同じ竹の塚にあったホストクラブMに通うようになったのは、長女を産んで間もなくだった。出産後の朋美は夜の仕事を休んでいて、暇をもてあましていた。そんな時、小百合が年甲斐《としがい》もなくMのホストに入れあげていると知って、店につれていってもらったのである。

朋美にとって、Mが初めて行ったホストクラブだった。彼女は、母親がそうだったようにどっぷりはまり、一人で通い詰めるようになる。そして忍と出会い、結ばれ、事件への道を突き進むことになったのだ。

小百合は、しきりにティッシュで鼻をかみつつ、自慢げにこう言った。

「あどホストクラブは、わだし、よぐ、行ってでたどこ！　すごぐいい！　朋美も『行ぎだい』って言ってでだ！」

おそらくは、都合のいい話しか語っていないであろうに、この有様である。実際は、もっと常識外れの出来事が、数え切れないぐらい起きていたはずだ。そういう家庭で長女として生まれ育った朋美に、倫理観やまともな価値観、他者への共感といった感情は育つべくもなかっただろう。

それを痛烈に思い知らされたのは、小百合の脚の障害について尋ねた時だった。彼女は、こともなげに答えた。

「わだじ、不倫じでだ！　愛人の男、わだじの長男の彼女に手を出すだ！　そいで、わだじ、家に行っだら、マンションの三階から落どざれだ！」

彼女が言うに、四十代半ばの頃に八歳年下の男性と愛人関係にあったそうだ。愛人の男は土木関係の仕事をしていて、家庭も持っていた。ところが、その男が、小百合の長男の恋人に手を出して男女の関係になった。小百合が怒り狂ってマンションに押しかけたところ、逆に相手に三階から突き落とされて、脚に障害が残ってしまったというのだ。

小百合はこれまでずっと同じような調子だったにちがいない。朋美は幼い頃からそうしたことに巻き込まれ、時には傷つき、時には真似《まね》したりして生きてきたはずだ。そしてこの母子関係のなかで、彼女は本来なら備わるはずの良識を身につけずにきたのだろう。

ここでひとつ気づくのは、忍も同じような家庭で育ったという点だ。彼もまた、物心つく前から乳児院や児童養護施設に入れられ、実家に帰れば帰ったで、「モンスター」と呼ばれた母親の亜佐美につれ回されて親の醜悪な面を見せられ、いきなり理不尽な理由で怒鳴られたり突き放されたりといった体験をしてきていた。

こうして育った二人が、互いを深く知ろうともせずに出会ってわずか一カ月で築いたのが「皆川」の家庭であり、その末路が今回の事件だったのだ。

私は率直に、事件がなぜ起きたと思うかと尋ねてみた。小百合は大きく口を開けて叫んだ。

「忍！」

口臭がにおってくる。

「忍が悪りぃ！　忍、施設育ちだがら、家庭の味がわがんない！　だ、が、ら、玲空斗を殺じだ！」

飛んでくる唾《つば》をあびながら私は、だったらあなたは朋美に「家庭の味」を教えたことがあるのか、と訊き返したくなった。

小百合はさらに言う。

「朋美、忍の言いなりになっだだげ！」

小百合は、忍がすべて悪いと信じ込んでいるようだ。だが、彼女は朋美が忍に玲空斗君への暴行や監禁を指示しているのを知っていたはずだ。そのことを言うと、小百合は再び大きく口を開けた。

「じ、ら、な、い！」

――裁判で、そうおっしゃっていませんでしたか。

「………」

私が再度、同じことを尋ねると、小百合はまったく聞き取れない声で一喝したきり黙りこくってしまった。

仕方なく、私は質問を変えて、玲空斗君に発達の障害があったと思うかどうか尋ねた。

「ない！　玲空斗、フヅーの子！」

小百合は大きなくしゃみをしてから、もう一度言う。

「フヅー！　フヅー！」

――でも、忍さんと朋美さんはしつけをしなかったんですよね。

「あいつらダメ！　怒ってばっが！」

――それと、朋美さんには詐病《さびょう》の疑いがあります。彼女は心を病んでいますか。

「ない！」

小百合は息を継いで、もう一度言った。

「睡眠薬だけ！　あど、な、い！」

朋美には責任がないと言いながら、これでは虐待《ぎゃくたい》と詐病を認めているのと同じではないか。

小百合は話す間も、数秒おきにティッシュで鼻をかみ、二つ目の山を築こうとしていた。犬が寄っていってにおいを嗅《か》ぐと、くしゃみをした。ティッシュの山が崩れる。

私はさらに質問をつづけることにした。かつて忍の母親の亜佐美の家に押しかけ、お金を要求したという話が事実かという点についてだ。小百合は覚えていた。

「あれ、忍の借金！　携帯代、十六万円未払い！」

忍が支払わなかった携帯代の請求が来たので、代わりに実家に請求したということらしい。なぜ、小百合が忍の携帯代を払っていたのか。

「忍、朋美、契約でぎながっだ。だがら、わだじの名義だった。な、の、に、金払わない！」

二人はブラックリストに載っていて、携帯電話を自分名義で契約できなかったということだろう。

忍の母親に請求に行った後、小百合は長男に電話をさせて恐喝まがいのことをさせている。その長男は今、何をしているのか。

小百合は大きな音を鳴らして鼻をかんでから、答えた。

「刑務所！」

——何をしたんですか。

「覚醒剤《かくせいざい》！」

——それでも、忍さんの実家の方が常識がない、と？

「あの家、子供に無関心！」

これ以上話をしても無意味だと思った。忍の親は事件を朋美の責任にし、朋美の親は忍のせいにする。そこにまともな理屈はなく、ひたすら罪のなすり合いをしているようにしか聞こえない。

やはり事の源は、忍と朋美というより、この夫婦を生んだ二人の親にあるのかもしれない。今回の虐待は、夫婦の悪意からなされたことではない。彼らなりの愛情は示していたのだ。そして玲空斗君も親を愛していた。それでも悲劇が起きたとすれば、その原因をどこに求めたらいいのだろう。

部屋の強烈な悪臭にも耐えられなくなり、私は簡単に礼を言って辞去することにした。まとわりついてくる犬を引き離し、子供用の靴がちらばる玄関で靴を履いていると、壁に掛けられた一枚の写真に目が留まった。手に取ってみる。どうやら十年ほど前に、写真館で撮影したらしい家族写真だった。十代の朋美は着物をまとい、小百合はいかにもホステス然とした茶髪のスーツ姿だ。

写真を見るかぎり、普通の和気藹々《あいあい》とした家族にしか見えない。だが、若さや派手な衣装、化粧の下で、この時すでに事件の黒い萌芽《ほうが》があったにちがいない。それは、忍と朋美が子供たちとともに収まっている家族写真や手紙にも同じことが言える。

私はふと思い出して、最後の質問を投げかけた。

――今、朋美さんと忍さんのお子さんたちはどうしているんでしょう?

「児童相談所！」

――保護されたということですか。

「そう！」

私は生き残った六人の子供たちが憐《あわ》れでならなかった。彼らは、玲空斗君が両親の手でケージに監禁され、瘦《や》せ細って死ぬまでの一部始終を見ていたはずだ。小学三年生になる長女や、小学一年生の長男にいたっては、遺体を遺棄する手伝いまでさせられている。まちがいなくその記憶は、一生脳裏から離れないはずだ。

六人の子供たちは、児童福祉法によって守られ、今どこで何をしているのかはわからない。事件のことは、死ぬまで胸の奥に封印して語ることはないだろう。きっと朋美と忍がいくら画策したところで、同居が許されることはあるまい。私ができるのは、彼らが施設職員と本当の親子のような関係を一から築き上げ、両親とは違った大人へと成長することを願うだけだ。

私は写真をもどし、玄関を出る。強い風が吹いていた。都営住宅の前には、日に照らされた公園が広がって、ジャングルジムやブランコなど遊具が備えつけられていた。団地の設計者が、入居する家族や地域住民のためにつくったのだろうが、平日の昼間だというのに、公園に親子連れの姿はなかった。砂場の砂が風に吹かれて渦を巻き、色あせた遊具を霞《かす》ませていた。

エピローグ

「Babyぽけっと」

茨城県土浦市の緑につつまれた丘を、タクシーは小石を弾《はじ》きながらゆっくりと走っていく。なだらかな坂を進むと、竹林や杉林が広がり、民家の庭には手入れされた家庭菜園があった。雑草が茂る空き地に、コイン精米機が置かれているのは、このあたりに農家が多いためだ。

しばらくすると、古めかしい木造の平屋が三棟ずつ向かい合うように並ぶのが見えてきた。その前でタクシーを降り、敷地内に入る。何気なく目をやると、平屋の窓の薄いカーテン越しに、ふっくらとした体型の女性が二人、テレビの前にすわっていた。若い女性のお腹《なか》は風船のように膨らみ、一目で臨月だとわかる。物干し竿《ざお》にかけられたマタニティー服が風にそよぐ。

この平屋は、特別養子縁組を支援するNPO法人「Babyぽけっと」が所有する妊婦のための寮だ。妊婦の中には様々な事情から中絶手術を受けられず、育てられないのに赤ん坊を産まざるをえない人々がいる。彼女たちは、生まれてくる子供と親子関係がなくなる特別養子縁組の制度をつかって赤ん坊を養子に出すことを望んでいる。ここは、そうした女性を寮に住まわせ出産まで面倒をみたり、要請があった母親が入院する病院へ行って赤ん坊を引き取ったりして、養親（里親）に引き渡す活動をしているのだ。

二〇一六年五月、私がここを訪れたのには理由があった。二年間かけて三つの事件を調べ終えてから、私の胸に残ったのは、どうしようもないほどのやるせなさだった。加害者の親にせよ、犠牲になった子供にせよ、彼らが「事件」という結末に至ったのは、自らの力ではどうにもならない生育環境などによるところがある。そのことが余計に、割り切れなさを感じさせたのかもしれない。

ただし、同じような境遇の親や子供が、みな最悪の事態に陥るわけではない。あることがきっかけになって、まったく別の運命が開けることもある。私は最後に、事件とは異なる道をたどった子供をこの目で確かめようと、ここにやってきたのである。

平屋の寮が並ぶ小路《こみち》を真《ま》っ直《す》ぐに進んだ奥に、真新しい一軒家が建っている。ここがBabyぽけっとの事務所だ。

呼び鈴を押すと、ドアが開いて代表の岡田卓子《たかこ》（五十七歳）が出てきた。眼鏡をかけた、明るくかわいらしい人だ。彼女は笑顔で、私に向かって言った。

「久しぶりね！　暑かったんじゃないですか」

シャツの袖《そで》をまくり、額にうっすらと汗を浮かべている。

「今月はベビーブームで、本当にバタバタでね！　あっちこっちで生まれるんで、そのたびに引き取りや引き渡しにいかなきゃいけないんですよ。岐阜行って帰ってきたと思ったら、今度は名古屋と北海道。出産って重なる時は重なるんですよねー」

いつも同じことを言っているな、と私は心の中で笑った。

実は、一年前からここを訪れている私は、すでに岡田や妊婦たちから話を聞いていたのだ。つい二週間前にも、二人の妊婦に会ったばかりである。

玄関の正面にある事務室に入ると、壁には養親が赤ん坊を抱きかかえてほほ笑んでいる写真がいくつもかけられていた。みんな岡田が斡旋《あっせん》した赤ん坊だ。実親と養親が、子供を挟んで幸せそうにはにかむ写真もある。

岡田が、Babyぽけっとを設立したのは二〇一〇年のこと。もともと彼女は子供に恵まれず、十五年ほど前に女の子を養子にした経験があった。最初はその時に世話になった団体の手伝いをし、後に独立して特別養子縁組の支援団体を立ち上げたのだ。現在、岡田が手掛ける特別養子縁組の数は年間約五十〜七十件。養子を求めて待機している夫婦は、常時三、四十組になるというから、支援の団体の中でも大きな方だ。

ソファーに腰を下ろすと、スタッフが抹茶のカステラと冷たいお茶を出してくれた。岡田は正面の椅子《いす》にすわり、フォークでそれを食べながら話しはじめる。

「この前のインタビュー、女の子たちは楽しかったって言ってましたよ。十九歳の子と二十四歳の子だったと思うけど、十九歳の子の方は、さっきおしるしがあったみたいだから、そろそろ病院につれていくつもりなんです。もしかしたら、今夜か明日には生まれるかも」

ここには、いつもお腹の大きな妊婦がいて、誰かしら産気づいている。妊娠が発覚した途端にカレシに逃げられた女子高生、父親のわからない子を孕《はら》んだホステス、不倫相手との間に子供ができた人妻……。一年前に初めて訪れた時も、まるまると太った風俗嬢が客の子を妊娠し、同棲《どうせい》相手のホストからDVを受けているということで、出産までの一カ月間をここで過ごしていた。そして彼女たちは赤ちゃんを産むと、まるで何事もなかったかのように身一つで去っていく。

「十九歳の子は、珍しく普通だったって思いません？　うちはわけありの子がほとんどだから、逆に珍しくって。彼女は、お腹が大きくなるのを近所の人に見られるわけにいかないって、もう四カ月ぐらい寮に住んでるんです」

その女性は、高校在学中に妊娠がわかったという。もとは中高一貫の進学校へ通う優等生だったが、高校時代にアルバイト仲間とつるむようになって遊びを覚え、高校を中退して通信制の学校へ転校。三年生の二学期に、恋人との間に子供ができてしまった。彼女は中絶を考えていたが、不正出血で病院へ行きエコーで胎児の姿を見たことがきっかけで、産みたいと考えるようになったそうだ。だが恋人は、「俺、結婚するつもりないから」と言って去ってしまった。すべては自分のせいと受け止めた彼女は、赤ん坊を特別養子縁組に出し、一から新たな人生を歩もうと決意した。彼女はこの寮に来てから大学を受験して合格、産後には一カ月遅れで大学へ通い、教職を目指すことにしていた。

「あの子はちゃんと前を向いてますね。部屋に大学のテキストを置いて、ずっと勉強してるくらいですから。みんながそうだったら嬉《うれ》しいけど、そうはいかないんですよねぇ。お産の数日前になって、助けを求めてやってくるなんてこともしょっちゅう。

妊娠中毒症になって、死ぬ寸前の状態で来た子までいましたからね。もうちょっと早く来てくれたらいいのに」

二週間前に会った二十四歳の女性、川西知恵（仮名）も、岡田に言わせれば「困ったちゃん」の一人だという。

「川西知恵さんも大変で、役所に追いかけられてたんですよ。五歳の娘が一人いるんだけど、ここに来る前にぜんぜん世話してなかったみたい。保育園にも定期健診にも行かせてなくて、市の職員が家庭訪問しても応じなかった。それで、娘の生存確認がとれないって騒ぎになっちゃったんです」

市が「居所不明児童」としてリストに載せ、調査を開始していたのだ。

「彼女は無口だから、私もまだわかってないことが多いんです。ただ、長女をうまく育てられないんだから、次の子だって同じですよね。本人もそれを自覚したうえで、うちに来たって言ってました。五歳の娘は、家庭内暴力がひどくて実家に置いておけないので、今は別れた夫の両親にあずけてるんだって。今はあの子、一週間前にお産が終わって元気だから、じっくり話を聞いてあげてくださいよ」

「居所不明児童」の母

寮の部屋をノックすると、川西知恵が現われた。茶髪の長い髪に、色白でふっくらとした体型の女性だ。おとなしい性格で、遠慮がちにニコニコ笑っている。

中に入ると、間取りは2LDKだった。もともとこの平屋は岡田の実家が所有する借家だったが、空き家になったところをBabyぽけっとの寮にしたのだ。冷蔵庫、食器、着替え、洗濯機など生活必需品が一通り揃《そろ》っていて、何も持たずに入ることもできる。

リビングの卓袱台《ちゃぶだい》にすわり、私は知恵から話を聞くことにした。まずはここに来た経緯から尋ねる。彼女は両膝《りょうひざ》を抱えてすわり、しばらくニコニコしていたかと思うと、

「わかんないな、えへっ」と首を横にふって苦笑した。私はもう一度、言葉を換えて訊《き》いた。彼女は人差し指を噛《か》んで、他人事《ひとごと》のように答えた。

「うーん、何だろ……。ネット？　たぶん、ケータイとか？……なんか、わかんない……。へへっ」

コミュニケーションを取るのが苦手なようだった。悪気はないのだろうが、何を尋ねても要領を得ない。

何度も訊きながら、ひとまず得た彼女の話をまとめると、以下のようになるらしい。

一九九一年、知恵は茨城県内の海辺の町に、建設業を営む家庭の長女として生まれた。家は二階建ての一軒家で、父親、母親、それに祖母が暮らしていた。父親は酒癖

が悪く、酔っては見境なく暴れて暴力をふるった。母親はそれに嫌気がさし、二歳下の弟を産んだ直後に出ていった。

離婚後、父親の暴力は祖母に向けられるようになる。酔った勢いで、年老いた実の母を殴りつけるのだ。だが、その祖母も、知恵が小学六年生の時に病気で他界した。

父親が知恵に手を上げるようになったのは、その頃からだ。知恵に家の仕事をすべて任せ、気に入らないことがあれば怒鳴る、物を投げつける、足蹴《あしげ》にするという行為に及んだ。家にも近所にも助けてくれる人はおらず、泣きながら暴力が収まるのを待つしかない。知恵にとって父親は、恐ろしいだけの存在だった。

知恵は中学へ上がる頃には、無口で消極的な性格になっていた。親の暴力の下で育った子供が、自分を押し殺しつづけた挙句に意志薄弱になることはあるそうだ。やがて知恵は中学へ行かなくなり、何をするでもなく他校の同じような生徒たちと暇をつぶして過ごす日々を送った。なんとか中学を卒業すると、「どうでもいいや」という気持ちで高校へも進学せず、ラーメン屋でアルバイトをはじめた。

結婚は、十八歳の時だった。相手は、先輩から紹介された、一歳年上の配管工の男性だ。前の年に知り合って同棲し、翌年に妊娠したことで結婚を決意。十九歳で長女を出産した。だが、結婚生活は一年で破綻《はたん》する。家庭のことに非協力的だった夫に、浮気が発覚したのである。

知恵は、一歳の娘を抱いて実家にもどった。父親は、そんな娘を温かく迎えたわけではない。それどころか家計の足しとして月三万円を要求し、半年後には児童扶養手当と児童手当の振り込まれる通帳を奪い取った。

当時、この家には父親の愛人が出入りしていた。四十代後半の子持ちの女性で、水商売をしていた。彼女は午前四時に仕事を終えると、毎日合鍵《あいかぎ》をつかって家に入ってきた。知恵は嫌悪《けんお》したが、家での〝立場〟は愛人の方が上で、露骨に疎《うと》まれた。

父親は相変わらず知恵に暴力をふるった。知恵は恐怖のあまり、父親の帰宅時間の午後五時以降は娘とともに二階の部屋に閉じこもったそうである。夜に階段を下りるのは、スナックのバイトへ行く時だけ。通帳を取られていた彼女は生活費を稼がねばならず、週に二、三回、午後八時から午前二時までホステスとして働いたのだ。

とはいえ、その収入を娘の養育に充《あ》てたわけではなかった。娘を幼稚園へ行かせないどころか、外で遊ばせることもせず、会話すらまったくしなかった。彼女は「(娘は)テレビで言葉を覚えた」とか「(自分は)もともとしゃべるのが苦手だった」と言うが、それで言語の発達が遅れたことは明白だ。おまけに、トイレの仕方も教えておらず、五歳になってもオムツが取れていなかった。

劣悪な環境で育ったことで、娘には身体的影響が出ていた。たとえば、食事は毎日コンビニの弁当で、うがいさえもさせていなかったのだ。後に、知恵の義理の両親が娘をあずかった時、その歯という歯が虫歯で真っ黒になっていた。

なぜ、娘をここまで放置したのか。その問いに、知恵は次のように答えた。

「育て方わかんなかった……。教えてくれる人もいなかった……。でも、子供にはかわいそうなことしたって……今度会ったら、しゃべってあげたい」

知恵のおざなりな態度は、行政に対しても同じだった。彼女は三歳児健診を最後に、以降は健診につれていっておらず、市の相談窓口には元夫の両親から「義理の娘が孫を幼稚園に行かせない」との相談が持ちかけられる。職員が家庭訪問しても、一度たりとも応対しなかった。

健診や家庭訪問ぐらい応じてもよかったのではないか――。それについて知恵は、

「郵便物は父に捨てられてたから、（健診の通知が届いたことが）わかんなかった」

「知らない人が来たので出なかった」と話す。ちなみに、彼女は国民健康保険も国民年金も払っておらず、携帯電話料金の未払いは二十八万円に上っていた。

そんな知恵でも、自分の好きなことにはのめり込んだ。韓国人の歌手グループに夢中になって「追っかけ」をしていたのだ。スナックのバイトで得た収入は、ほぼすべ

てそれにつぎ込み、コンサートツアーがはじまれば娘をつれて一週間も二週間も全国を回った。その間は、土地土地のビジネスホテルを泊まり歩いていたという。

こうした生活に終止符が打たれるのは、二〇一五年の末に妊娠がわかったためだ。相手はスナックの常連客で、妻子持ちの三十歳の男性だった。知恵に言わせれば、自分は「男の人に誘われたら『うん』って言っちゃう性格」で、求められるままに何度もラブホテルへ行ったらしい。その末の妊娠である。

彼女は妊娠中、「もう胎動があるから中絶できない」と思い込み、病院へ行かなかった。また、不倫相手に責任を求めるどころか、妊娠したことも打ち明けず、一方的に連絡を絶ち、「昼の仕事するから」とスナックも辞めてしまった。

しかし、その後どうするかを決めていたわけではない。お腹はどんどん大きくなっていき、やがて隠しきれないほどにまでなった。困り果てた知恵は、ネットで出産について検索し、たまたまＢａｂｙぽけっとのホームページにたどり着いたのだ。ここなら助けてくれるかも。勇気をふりしぼって電話をすると、岡田から「すぐに来るように」と言われた。そこで彼女は娘を元夫の両親にあずけ、父親には黙って家を出てきたという。

知恵は言う。

「ここに来る前、一度も病院行ってなくて……。なんか、怖かったから……。だって、怒られるんじゃないかって……。でも、生まれちゃったら困るから、岡田さんに電話したの……。ここに行くっていうのは、弟にちょっと言っただけ……。それでお父さんには家出したって思われて、お父さんの女に、二階の部屋の荷物、ぜんぶ捨てられちゃった……。飼ってた猫も……」

話をしている最中、知恵はずっと人の顔色を窺《うかが》うような素振りを見せていた。きっと誰に対してもそうなのだろう。

部屋の中を見回すと、私物はほとんど見当たらない。目につくのは、床に無造作に置かれたＷｉ‐Ｆｉの機器と、韓国人歌手グループのステッカーが貼《は》られたスマートフォンだけだ。

「ここに来たのは、やっぱり次の子、育てられないから……。子供はかわいいし、好き。でも、お金なくって……。お金があったら育てたいって気持ちはあるんだけど」

赤ん坊の父親に養育費を請求しようとは思わなかったのだろうか。

「うん……もういいやって……。えへへ……」

聞いているうちに、もどかしさよりむしろ、同情の念を禁じえなかった。彼女の消極的で受身な性格は、父親のＤＶがつくりだしたように思えた。そんな性格のまま十代で母親になり、育児の方法すらわからないまま、すべてを自分だけで抱え込んでしまった。それがネグレクトにつながったのだろう。

私は、Ｂａｂｙぽけっとに出会えて何が良かったと思うか、尋ねてみる。

「うーん、何かな……。岡田さんに言ったら、実家に帰らないで、ここにしばらく住んで仕事探しなって言ってくれたことかな……。だから、よかった」

知恵にとって岡田は、初めて真剣に自分のことを考えてくれて、相談に乗ってくれる大人だったのかもしれない。

彼女はしばらく窓の外を見つめたまま、ほほ笑んでいた。そして初めて自分から口を開いた。

「ここ、いいですね……。助けてくれて、嬉しかった」

手を差し伸べる

事務所にもどると、岡田が若いスタッフの奥田幸世（三十三歳）とともに待っていてくれた。奥田の肩書は「本部補佐」だが、岡田と二人、車の両輪となって養子の引渡しや説明会のために全国を駆け回っている。背が低く童顔なため、二十代半ばに見える。岡田が目的に向かって猪突猛進《ちょとつもうしん》するタイプなのに対して、彼女は一歩引いて見る冷静さを備えている。それが、二人三脚でうまくやっている秘訣《ひけつ》なのだろう。

実は奥田も、一年半前にBabyぽけっとで出産し、養子に出した経験があった。付き合っていた男性との間に子供ができて、結婚の約束までしたのだが、しばらくして相手が失踪《しっそう》。その後、警察が彼女の自宅にやってくる。その男は、オレオレ詐欺《さぎ》グループのリーダーで、名前も年齢もすべて嘘《うそ》だったことが判明したのだ。奥田は、やむなく産んだ赤ん坊をBabyぽけっとを介し、遠方の夫婦に特別養子に出した。その後、人手不足で困っている岡田を見て、奥田は一転、スタッフとして働くようになったのである。

岡田はソファーに腰を下ろすと、口を開いた。

「川西知恵さんのインタビュー、どうでした？　なかなかの困ったちゃんじゃないですか。彼女、自分からはっきりとしたこと言わないから、大変だったんですよ。うちに来てすぐに、携帯電話の請求書が来たり、出産に必要な健康保険が未払いだったことがわかったり、もうさんざん。連絡取れないとか、保険がないなんて、お産の時に困るじゃないですか。だから、赤ちゃんをあげる養親に説明して、お産にどうしても必要だからってことで立て替えてもらったんです。それが終わったと思ったら、今度は市の職員が娘を捜してここにまで押しかけてきて、また大騒ぎ。いろいろあったんですよ」

Ｂａｂｙぽけっとでは、赤ん坊の斡旋に関して原則的に必要経費を養親に求めている。ただし、実親の中には知恵のように保険料が未払いだったり、出産費用がなかったりする者もいて、そういう場合は養親に支援を求めることもあるのだ。

奥田がお茶とお煎餅《せんべい》を持ってきてくれた。方々から贈られるのか、いつ来てもお菓子は豊富だ。

「何よりびっくりしたのは、あの子が料理も掃除も洗濯もできないってことですね。母親なのにお米も炊《た》けないんですよ！　じっと黙ってすわってるだけ。本当に何もできないんだろうし、娘にも何もしてこなかったんだろうなって思った。でも、全部お父さんのせいなんだろうなって思いますよ。家じゃＤＶが本当にすごくて、彼女が台所でちょっと音を立てただけで殴られるから料理もできなかったみたい。私、あの子のメンタルが心配になって、うちの会員の心理の専門家にカウンセリングしてもらったんです。そしたら、年齢は二十四歳だけど、心は幼児のままだって……。彼女、あんまり語らないけど、もっとひどいことされてたかもしれませんね」

隣で聞いていた奥田も、お茶をすすりながらつけ加えた。

「私もそう思います。性的虐待《ぎゃくたい》とかもありうるかも。そうでなきゃ、あそこまで自分を消すような性格にならないんじゃないかなぁ」

窓ガラスに何かが当たる音がする。どうやら雨らしい。

岡田が、煎餅の袋を開けながら言う。

「とりあえず、あの子をこのまま放っておけないじゃないですか。父親のいる実家に帰すわけにいかないし、五歳の娘も心配だし。それで、しばらく寮に住まわせて一緒に仕事を探してあげることにしたんです。ちゃんとした仕事について一人で暮らせるようになってから、娘を引き取らせなきゃ、また元通りになっちゃうかもしれないので。家具は、うちの会員から不要なものを少しずつ譲ってもらえばある程度は集まるし、彼女が働きはじめた後も、みんなで電話やSNSでサポートしてあげれば、なんとかなるはずです」

岡田は、Ｂａｂｙぽけっとの会員たちで力を合わせ、一人の女性の生活を支えようとしている。どうしてそこまでするのか——。そんな問いに、岡田は急に険しい目つきになった。

「やっぱり、昔つらいことがありましたからね……あのことを考えると、産んだから帰りなさいっていうわけにはいかないんですよ。本人もそうだけど、子供が犠牲になっちゃうから」

私は「あのこと」と言われて、かつて岡田から聞いた一つの事件を思い出した。

二〇一三年の初夏、Ｂａｂｙぽけっとの事務所に、Ａと名乗る十九歳の女性から連絡が入った。Ａは、家出して都内の風俗店で働いていたものの、父親がわからない赤ん坊を妊娠してしまった。今にも生まれそうな状態なので助けてほしい、という。

岡田は、Ａが未成年だったことから親の同意を取って、寮に住まわせた。Ａの体には無数の刺青《いれずみ》があり、お産まで一週間しかないのに性感染症にかかっていることまで判明した。だが、岡田や協力病院のサポートのおかげで、何とか無事に出産することができたのだ。

数日後、岡田は養親を決め、Ａに特別養子縁組に必要な書類にサインをしてもらった。一枚目にサインし、二枚目にさしかかった時に、ペンを持つ手がぴたりと止まった。岡田がどうしたのか尋ねると、Ａはやはり赤ん坊を育てたいと言いだした。顔を見たことで母性が目覚め、手放したくないという思いに駆られたらしい。赤ん坊にとって実母に育ててもらうのに越したことはない。岡田は、Ａの母親にきちんと養育の支援を約束させ、実家に帰らせることにした。

だが、わずか三カ月後に悲劇が起きた。Ａの赤ん坊が殺害されたことがニュースになったのである。事の経緯はこうだ。実家にもどったAは、すぐに親と折り合いが悪くなって赤ん坊を抱いて再び家出する。彼女は渋谷にある風俗店の寮に入り、マンションの一室で年下の風俗嬢二人と同居した。Aはデリヘルの仕事や遊びで週の半分も帰らず、その間、同居する風俗嬢たちに赤ん坊を任せっ放しにしていた。ところが、あろうことか、その風俗嬢たちが赤ちゃんの首を絞めて苦しがる様子を写真に撮る「遊び」をはじめ、ついには窒息死させてしまったのである。

事件後、Aは関係者に「私は子供を愛していた。世話だってちゃんとしてた」と語ったらしい。だが、寮となっていたマンションの部屋には、粉ミルクどころか哺乳瓶《ほにゅうびん》さえ置いていなかったそうだ。

この事件は、岡田の心に大きな傷を残した。これまでは実母が語る、「愛してる」「育てている」という言葉を信じてきたが、この事件をとおして、人によりその意味するところに大きなちがいがあることを認めざるをえなくなったのだ。それが、特別養子縁組の斡旋に留まらず、母親のサポートまでするきっかけとなった。

「うちに来る子って、問題のある子ばっかりですよね。本当は行政がそういう子の支援をするべきなんだけど、現実はそうはいきません。行政にも限界があるし、女性の方だってそれぞれ複雑な事情を抱えてて、それをきちんと説明して助けを求められる人はなかなかいない。そういう女性たちが最後にたどり着くのが、うちみたいなところなんです」

複雑な事情を抱える人にとって、行政の窓口に行ってすべてを打ち明け、助けを求めるのは容易なことではないのだ。川西知恵にせよ、本書で取り上げた加害者たちにせよ、みなそれができなかった。

「だから、うちが彼女たちを見捨てないように、きちんと受け入れてあげなきゃいけないと思うんです。私だけじゃ無理だけど、彼女たちと年齢や立場が近い奥田さんもいるから、何とかできるはずです」

そう語り終えた岡田は、「ねえ」と奥田に目配せした。奥田は、落ち着いて応じる。

「岡田さんよりは若いし、同じように子供を養子に出した経験があるから、妊婦さんは私に自分のことを打ち明けてくれます。私、Ｂａｂｙぽけっとに来る子は、がんばって探して、勇気を振り絞ってたどり着いてくれた人だって思ってるんですよ。現実問題として、インターネットで自宅出産や流産の方法を調べている時に、奇跡的にうちを見つけてくる子だっているんです。お金がなくて病院にすら行けずに、出産の数日前になって助けを求めてくる子だっている。むしろ、そんな女性ばっかりかも」

奥田は、考え込むようにしてつづけた。

「だから、ここに来た子を叱《しか》っちゃいけないって思うんです。何やってんのよ、とか、どうしてそんなことするのよ、なんて否定しちゃダメ。『よくやったね』『よく来てくれたね』『なんとかしてあげるからね』って言ってあげることが大事なんです。だって、本人たちは本当にがんばったんだから」

一年半前に、奥田自身もさんざん悩んだ末にBabyぽけっとにたどり着き、赤ん坊を養子に出した。その経験から言っているのだろう。

「私たちがしなきゃいけないのは、まず赤ちゃんにとって最善の道をつくってあげることだと思います。そのためには、困ってるお母さんを助けなきゃいけません。一人で生きていける赤ちゃんなんて、いないんですものね」

それを聞いた岡田が、嬉しそうに相槌《あいづち》を打つ。

「そのとおりね。ここには非常識な女性もたくさんくるけど、みんな赤ちゃんを養子に出す時は泣くんですよ。赤ちゃんとそうしたくて別れる母親はいないの。みんな事情があるから別れざるをえないだけなんです」

そこで言葉を区切って、岡田はつづけた。

「川西知恵さんやAさんのように、子供の育て方を根本から知らない子もいる。でも、ああいう女性だってきちんとサポートしてあげれば育てられるはずだわ。彼女たちがうまくいかないのは、教えたり、支えたりしてくれる人がいないからなの。だから、私、いつか母子寮みたいなのをつくって子供と一緒に住めるようにして、そういう女性を何とかしてあげたいと思ってる。それまでは、個々でサポートするしかないんだけどね」

私はそれを聞きながら、取材で出会った加害者たちの顔を思い浮かべた。岡田や奥田は友人として女性たちに接し、手を差し伸べようとしている。それにくらべると、私は彼らと無意識のうちに距離を置こうとしていたのかもしれない。

たいがいの親であれば、幼少期の経験から子供を愛し、育て、必要に応じて周囲に支援を求めることができるだろう。しかし、事件の当事者たちはそうではなかった。劣悪な環境で育ったがゆえに、家庭が何なのか、愛することが何なのか、子育てとは何なのかを知らない。生活苦のため、水商売についたり犯罪に手を染めたりするうちに負い目を感じ、行政に相談することができなくなってしまう。

人は誰しも、自分の生まれ育ちを選ぶことはできない。でも、ほんのわずかな勇気を持ちさえすれば、あるいはそれを促す者がいさえすれば、知恵のように救われる親もいれば、養親のもとで幸せに育つ子供がいるのも事実なのだ。

奥田がふと思い出したように、スマートフォンを取り出す。私に向けた画面には、愛らしい赤ん坊が写っていた。

「これ、川西知恵さんが一週間前に産んだ赤ちゃんですよ。男の子。かわいいですよね」

知恵は、三日前に赤ん坊を養子に出していた。その前、病院に入院していた彼女は、毎日何度も新生児室のガラス越しにわが子を見つめていたという。最後の別れの際は、情が移らないようにと抱くことはせず、心の中で「がんばって生きていってね」と呼びかけたそうだ。

岡田も、スマートフォンをのぞき込んでほほ笑む。

「どんな母親だってちゃんと支えてあげれば、うまくやっていくものなんです。川西知恵さんだって、いつかきっとやっていけるはず」

私はもう一度、赤ん坊の顔を見た。

あと一、二年もすれば、「ママ」「パパ」と呼んで、後をついて歩くようになるんだな。

写真の赤ん坊は、真っ直ぐにこちらを向いている。血がつながっているにせよ、いないにせよ、親が傍に寄り添って、この子としっかり手をつないでくれるように、と私は願った。

文庫版あとがき

本書の単行本を出版した二〇一六年以降も、日本では毎月のように虐待《ぎゃくたい》事件が報じられてきた。

二〇一六年度に虐待によって死亡した子供の数は、七十七人（うち心中が二十八人）。中でも世間をにぎわせたのが、埼玉県狭山《さやま》市で起きた藤本羽月《はづき》ちゃん（三歳）の虐待死事件だろう。内縁の夫と母親が、日常的に羽月ちゃんを監禁、虐待し、最後は冷水をかけて放置して殺害した事件だ。羽月ちゃんの胃袋の中は、空っぽだったという。

翌二〇一七年には、大阪府寝屋川市のマンションから、バケツに入れてコンクリート詰めにされた乳児四人の遺体が見つかった。母親が六年の間に産んだ四人のわが子を「経済力がない」という理由で次々とバケツに遺棄して隠していたのである。

さらに二〇一八年には、東京都目黒区で船戸結愛《ゆあ》ちゃん（五歳）の虐待死事件が発生した。義父によって虐待を受けていた結愛ちゃんは、虐待後しばらく放置されたことで、意識不明の重体となって病院に運ばれ、死亡が確認された。事件後、自宅から

「もうおねがいゆるして　ゆるしてください　おねがいします」と記されたノートが見つかって話題となり、児童相談所は体制の改善を求められることとなった。

児童相談所に光が当たり、職員が血眼になって虐待防止に取り組んでいても、こうした凄惨《せいさん》な事件が毎年何十件という頻度で起きる。そして児童相談所には毎年十万件をはるかに超える相談が寄せられているのである。

残念ながら、世間一般の虐待に対する眼差《まなざ》しは、長年変わっていない。メディアが虐待のニュースを流すと、識者も一般人も口をそろえて親を「鬼畜」のような人間だと見なして批判し、返す刀で児童相談所や行政の不手際《ふてぎわ》を指摘する。そして諸悪の根源を世にさらしたとばかりに満足し、別のことに関心を向けてしまう。

事件の裁判がはじまって真実が明らかになる頃には、たいがいの者は事件があったことさえ忘れている。年間数十件に及ぶ虐待死の大半は、わずか数日で消費されるだけのニュースのネタでしかない。

そんな時代の中で、虐待のいかなる真実が闇《やみ》に埋もれてしまっているのか。本書はそうしたことを解き明かすための試みだった。取り上げた三つの事件に共通するのは、虐待親たちが生まれ育った環境の劣悪さだ。さらに言えば、ゆがんだ親子関係である。

厚木市幼児餓死白骨化事件、下田市嬰児《えいじ》連続殺害事件、足立区ウサギ用ケージ監禁虐待死事件、いずれも犯人を育てた親が大きな問題を抱え、子供たちを虐待、もしくはそれに近い環境に置いていた。犯人たちは生まれつきのモンスターだったわけではなく、彼らの親こそがモンスターだったのだ。

そういう意味では、犯人たちは幼少期からモンスターである親の言動に翻弄《ほんろう》され、悩み苦しみ、人格から常識までをねじ曲げられたまま成人したと言えるだろう。愛情が何なのか、家族が何なのか、命の重みが何なのかを考える機会さえ与えられてこなかった。だからこそ、彼らが親となった時、「愛している」と言いながら、わが子を虐待し、命を奪ってしまうことになる。

こうした虐待の負の連鎖は、近年の脳科学の所見からも明らかだ。虐待を受けた子供は、脳の成長に異常をきたして発達障害に類似した症状が出たり、精神疾患を抱えたりすることがある。彼らが生きづらさから、不登校、自殺、非行、売春、若年結婚、薬物依存といった問題を抱えてさらに困難な環境に陥り、親になってから虐待に手を染めることもあるのだ。

そうしてみると、児童相談所の職員が、家庭で虐待が起きていることを検知して慌《あわ》てて子供を切り離しても遅いという見方もできる。救出した時にはすでに子供に甚大《じんだい》な影響が出てしまっている。

もし根本のところで負の連鎖を断ち切ろうとするなら、親が育児をする前から家庭の支援をはじめなければならないだろう。まっとうな子育てができない親がいることを認めた上で、出産直後、いや出産の前からそうした親の生活を支え、適切な育児が何かを教え、困難にぶつかればすぐに専門家が手を差し伸べられるような環境づくりが必要だ。そこまでしなければ、虐待の萌芽《ほうが》を摘みとることは難しい。

残念なことに、今のところ行政には、そこまでのマンパワーも予算もない。世間の人々も、「いい年齢の大人に対してどれだけ手をかけなければならないのか」と受け止めて、そこまでの支援はやりすぎだと考える。結局、家庭がうまくいかないのは親の自己責任として切り捨ててしまうのだ。しかし、そうやって犠牲になってきたのが、生まれる家を選ぶことのできない子供たちなのである。

私自身も、虐待の防止がすぐに実現できるようなことではないのは自覚している。それでもあえて、その必要性について言及したのは、本書で取り上げた事件はまだ完全には終わっていないからだ。

この文庫が出版される二〇一九年には、本書で紹介した高野愛《いつみ》が仮出所をすると思われる。彼女の帰る先は下田の実家しかないが、待っているのは子供たちだけでなく、周囲からの差別や再び彼女を弄《もてあそ》ぼうとする男たちだ。

高野愛の家族は、この状況に恐々としている。二人の妹はもちろん、二〇一八年六月には、高野愛の元夫である高野遼《りょう》から私のところに連絡が来て相談を受けた。現在、残された子供の一部は愛の母親・夏美のもとで暮らしていて、そこに高野愛が帰ってきた時に何が起こるかわからず、怖いというのである。五年前の悪夢のような生活が再びはじまるかもしれないし、思春期になった子供たちが新たな苦難に直面するかもしれない。それが巨大な負の連鎖となる可能性は十分にあるのだ。

本書で取り上げた三件の事件は、裁判が終わって幕を閉じたのではなく、今なお家族にとっても、社会にとっても現在進行形でつづいている。それは、過去に起きた虐待事件に関しても、これから起きるであろう事件に関しても同じことが言える。

私は、法を破った者に対して懲役刑を科すことは大切だと思っている。だが、それだけでは彼らの抱えている問題はなくならない。未《いま》だに事件がつづいているという現実から目をそらせば、別の形でわれわれの社会に跳ね返ってくる。

昔から「子供は社会の宝」と言われてきた。文部科学省も同じ言葉をつかって社会で子供を育てる重要性を訴えている。もしそれを実現しようとするならば、私たち一人ひとりが虐待親を「鬼畜」として片づけるのではなく、その正体にきちんと目を向けてできることをしていく必要があるだろう。

二〇一八年十一月

石井光太

この作品は平成二十八年八月新潮社より刊行された。

石井光太著

絶対貧困

—世界リアル貧困学講義—

「貧しさ」はあまりにも画一的に語られていないか。スラムの生活にも喜怒哀楽あふれる人間の営みがある。貧困の実相に迫る全14講。

石井光太著

浮浪児1945-

—戦争が生んだ子供たち—

生き抜きたければ、ゴミを漁ってでも食べ物を見つけなければならなかった。戦後史の闇に葬られた元浮浪児たちの過酷な人生を追う。

石井光太著

遺体

—震災、津波の果てに—

東日本大震災で壊滅的被害を受けた釜石市。人々はいかにして死と向き合ったのか。遺体安置所の極限状態を綴ったルポルタージュ。

毎日新聞大阪社会部取材班著

介護殺人

—追いつめられた家族の告白—

どうしてこうなったのか——。裁判官も泣いた、在宅介護の厳しい現実。家族を殺めてしまった当事者に取材した、衝撃のレポート。

一橋文哉著

未解決

—封印された五つの捜査報告—

「ライブドア『懐刀』怪死事件」「八王子スーパー強盗殺人事件」など、迷宮入りする大事件の秘された真相を徹底的取材で抉り出す。

石井妙子著

おそめ

—伝説の銀座マダム—

かつて夜の銀座で栄光を摑んだ一人の京女がいた。川端康成など各界の名士が集った伝説のバーと、そのマダムの華麗な半生を綴る。

死刑でいいです
—孤立が生んだ二つの殺人—
池谷孝司編著
疋田桂一郎賞受賞

〇五年に発生した大阪姉妹殺人事件。逮捕された山地悠紀夫はかつて実母を殺害していた。凶悪犯の素顔に迫る渾身のルポルタージュ。

高校生ワーキングプア
—「見えない貧困」の真実—
NHKスペシャル取材班著

進学に必要な奨学金、生きるためのアルバイト……「働かなければ学べない」日本の高校生の実情に迫った、切実なルポルタージュ。

日本海軍400時間の証言
—軍令部・参謀たちが語った敗戦—
NHKスペシャル取材班著

開戦の真相、特攻への道、戦犯裁判。「海軍反省会」録音に刻まれた肉声から、海軍、そして日本組織の本質的な問題点が浮かび上がる。

日本人はなぜ戦争へと向かったのか
—外交・陸軍編—
NHKスペシャル取材班編著

肉声証言テープ等の新資料、国内外の研究成果をもとに、開戦へと向かった日本を徹底検証。列強の動きを読み違えた開戦前夜の真相。

老後破産
—長寿という悪夢—
NHKスペシャル取材班著

年金生活は些細なきっかけで崩壊する！　誰もが他人事ではいられない、思いもしなかった過酷な現実を克明に描いた衝撃のルポ。

超常現象
—科学者たちの挑戦—
NHKスペシャル取材班著

幽霊、生まれ変わり、幽体離脱、ユリ・ゲラー……。人類はどこまで超常現象の正体に迫れるか。最先端の科学で徹底的に検証する。

共同通信社原発事故取材班
高橋秀樹編著

全電源喪失の記憶
―証言・福島第1原発 日本の命運を賭けた5日間―

全電源を喪失した福島第1原発。死の淵に立たされた所員は何を考えどう行動したか。揺れ動く人間を詳細に描く迫真のドキュメント。

国分　拓著

ヤノマミ
大宅壮一ノンフィクション賞受賞

僕たちは深い森の中で、ひたすら耳を澄ました――。アマゾンで、今なお原初の暮らしを営む先住民との１５０日間もの同居の記録。

「新潮45」編集部編

殺人者はそこにいる
―逃げ切れない狂気、非情の13事件―

視線はその刹那、あなたに向けられる……。酸鼻極まる現場から人間の仮面の下に隠された姿が見える。日常に潜む「隣人」の恐怖。

「新潮45」編集部編

殺ったのはおまえだ
―修羅となりし者たち、宿命の9事件―

彼らは何故、殺人鬼と化したのか――。父母は、友人は、彼らに何を為したのか。全身怖気立つノンフィクション集、シリーズ第二弾。

「新潮45」編集部編

殺戮者は二度わらう
―放たれし業、跳梁跋扈の9事件―

殺意は静かに舞い降りる、全ての人に――。血族、恋人、隣人、あるいは〝あなた〟。現場でほくそ笑むその貌は、誰の面か。

「新潮45」編集部編

凶　悪
―ある死刑囚の告発―

警察にも気づかれず人を殺し、金に替える男がいる――。証言に信憑性はあるが、告発者も殺人者だった！　白熱のノンフィクション。

新潮文庫最新刊

谷川俊太郎著
さよならは仮のことば
―谷川俊太郎詩集―
代表作「生きる」から隠れた名篇まで。70年にわたって最前線を走り続ける国民的詩人の、珠玉を味わう決定版。新潮文庫オリジナル！

早坂吝著
四元館の殺人
―探偵AIのリアル・ディープラーニング―
人工知能科学×館ミステリ!! 雪山の奇怪な館、犯罪オークション、連鎖する変死体、AI探偵の推理が導く驚天動地の犯人は――!?

椎名寅生著
ニューノーマル・サマー
2020年、忘れられない夏。それでも僕らは芝居がしたかった。笑って泣いて、元気が出る。大学生劇団員のwithコロナ青春小説。

村上春樹
柴田元幸著
本当の翻訳の話をしよう 増補版
翻訳は「塩せんべい」で小説は「チョコレート」!? 海外文学と翻訳とともに生きてきた二人が交わした、7年越し14本の対話集。

萩尾望都著
聞き手・構成 矢内裕子
私の少女マンガ講義
『ポーの一族』を紡ぎ続ける萩尾望都が「日本の少女マンガ」という文化を語る。世界に誇るその豊かさが誕生した歴史と未来――。

椎名誠著
「十五少年漂流記」への旅
―幻の島を探して―
あの作品のモデルとなった島へ行かないか。胸躍る誘いを受けて、冒険作家は南太平洋へ。少年の夢が壮大に羽ばたく紀行エッセイ！

「鬼《き》畜《ちく》」の家《いえ》
わが子を殺す親たち

新潮文庫　い－99－8

平成三十一年二月一日　発行
令和　三　年七月十日　五　刷

著　者　石《いし》井《い》光《こう》太《た》

発行者　佐藤隆信

発行所　株式会社新潮社

郵便番号　一六二―八七一一
東京都新宿区矢来町七一
電話　編集部(〇三)三二六六―五四四〇
　　　読者係(〇三)三二六六―五一一一
https://www.shinchosha.co.jp

価格はカバーに表示してあります。

乱丁・落丁本は、ご面倒ですが小社読者係宛ご送付ください。送料小社負担にてお取替えいたします。

印刷・株式会社光邦　製本・株式会社大進堂

ISBN978-4-10-132538-5 C0195